COLLECTION

DE

M. JOHN W. WILSON

TABLEAUX ANCIENS ET MODERNES

SECONDE ÉDITION

TIRÉE A 500 EXEMPLAIRES NUMÉROTÉS

EXEMPLAIRE N°

Les exemplaires de 1 à 100 ne sont pas mis en vente.

Les exemplaires de 101 à 500 sont vendus exclusivement au profit des pauvres de la ville de Bruxelles.

UNE PREMIÈRE ÉDITION, *FOR PRIVATE CIRCULATION*

A ÉTÉ TIRÉE A 14 EXEMPLAIRES NUMÉROTÉS

N° 1. — Texte sur whatman. — Planches sur parchemin.
Nos 2 à 5. — Texte sur hollande. — Planches sur hollande.
Nos 6 à 14. — Texte sur vélin. — Planches sur hollande.

COLLECTION

DE

M. JOHN W. WILSON

EXPOSÉE DANS LA GALERIE

DU CERCLE ARTISTIQUE ET LITTÉRAIRE

DE BRUXELLES

AU PROFIT DES PAUVRES DE CETTE VILLE

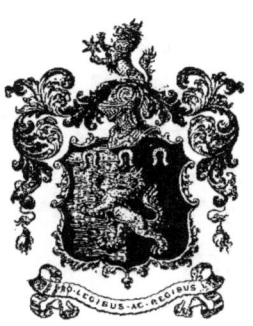

PARIS

IMPRIMERIE DE JULES CLAYE

RUE SAINT-BENOIT

—

1873

Les notices relatives aux artistes ont été rédigées d'après les dernières découvertes faites dans les archives des divers pays, et d'après les publications les plus récentes et les plus autorisées relatives à chaque école.

Les tableaux anciens ne sont entrés dans la collection qu'après avoir été soumis à l'expertise de M. Étienne Le Roy; — M. John W. Wilson tient à exprimer à l'éminent commissaire-expert des musées royaux de Belgique toute sa gratitude pour le savant concours qu'il a bien voulu lui prêter.

Tous les tableaux de l'école anglaise sont rangés parmi les tableaux anciens, comme on le fait, en Angleterre, pour tous les maîtres antérieurs à l'école actuelle.

Les indications de droite et de gauche sont prises du spectateur.

Les dimensions qui sont données en mesures métriques donnent la vue de chaque tableau prise dans le cadre.

TABLEAUX ANCIENS

ÉCOLE ALLEMANDE

DIETRICH, dit DIETRICY

(CHRISTIAN-WILHELM-ERNST)

Né à Weimar le 30 octobre 1712, mort à Dresde en 1774. — Elève d'Alexandre Thiele.

L'INDIFFÉRENTE

Assise sur un banc de pierre, dans un jardin, sur les genoux un carlin qu'elle caresse, elle détourne dédaigneusement la tête aux compliments d'un mezzetin; au fond, Arlequin soulève son chapeau en ricanant.

Signé en toutes lettres et daté sur le banc de pierre.

Dietricy f.
1741

Bois. — Hauteur, 0^m,29; largeur, 0^m,22.

ÉCOLE ANGLAISE

BONINGTON

(RICHARD-PARKES)

Né à Arnold, prés Nottingham, le 25 octobre 1801, mort à Londres, le 23 septembre 1828.
Élève de l'École des Beaux-Arts et de Gros.

MARÉE BASSE

A perte de vue, la mer. En se retirant, elle a laissé la plage à sec; à droite et à gauche, quelques barques qui attendent le retour de la marée pour se remettre à flot; sur la plage, une femme de pêcheur qui s'avance vers le spectateur; à gauche, au bord de la mer, une cabane en planches.

Ciel nuageux d'une extrême profondeur.

Signé en toutes lettres, au bas, à droite.

R.P. Bonington

Peint sur carton. — Hauteur, 0^m,30; largeur, 0^m,42.

BROOKING

(GEORGE)

Né en 1720, il mourut à Deptford en 1759. — Il se forma par l'étude des tableaux de Willem Van de Velde.

LE COUP DE CANON

La mer est calme; entre des barques de pêche qui carguent leurs voiles, sont deux navires de guerre qui échangent un salut.

Le ciel est semé de nuages; l'horizon reflète les lueurs du soleil couchant.

Signé en toutes lettres, à gauche, sur une épave de bois.

C Brooking.

Toile. — Hauteur, 0^m,37; largeur, 0^m,57.

CONSTABLE, R. A.

(JOHN)

Né à East-Bergholt en 1776, mort à Londres le 30 mars 1837. — Élève de Farrington, de la *Royal Academy*, dont il devint membre en 1829, et de R. R. Reinagle.

STOKE BY NAYLAND, SUFFOLK

Au premier plan, une femme qui porte de la ramée sur la tête; au milieu, un paysan assis au bord de la rivière qui baigne le village, situé à l'arrière-plan et que domine l'église.

A droite, une grande allée d'arbres.

Ciel superbe qui roule de grands nuages chargés d'électricité; l'orage est proche.

Gravé par David Lucas, dans *English Landscape Scenery from Pictures painted by John Constable, R. A.*

Toile. — Hauteur, 0^m,64; largeur, 0^m,89.

CONSTABLE

(JOHN)

THE GLEBE FARM

Pendant du précédent.

Au premier plan, une mare; auprès, un chemin qui monte à la ferme entourée d'arbres et derrière laquelle s'élève l'église de Langham.

A gauche, de grands arbres.

Vers le milieu, au premier plan, une femme assise près d'un arbre coupé, déposé au bord d'un chemin qui traverse le paysage et que l'on voit se perdre à l'horizon.

Gravé par David Lucas pour le même ouvrage que *Stoke by Nayland*.

Toile. — Hauteur, 0^m,64; largeur, 0^m,89.

CROME, DIT OLD CROME

(JOHN)

Né à Norwich en 1769, mort dans cette ville en 1821.
Il n'a point eu de maître ; il fut, avec son beau-frère Ladbrooke, le fondateur de l'École naturaliste de Norwich.

LA GRANGE

Devant une grange couverte de chaume et qu'abrite un grand arbre, quatre vaches sont arrêtées ; derrière elles, une paysanne, leur gardienne.

A gauche, fond de paysage mystérieux.

Bois. — Hauteur, 0^m,62 ; largeur, 0^m,76.

IBBETSON

(JULIUS-CAESAR)

Né à Masham (Yorkshire), on ignore en quelle année; il y mourut en 1817. — On ne lui connaît point de maître.

ENVIRONS DE ROCKER-END, ÎLE DE WIGHT

Au pied d'une montagne couverte de verdure, une carrière où deux ouvriers sont au travail. A droite, à mi-côte, des bouquets d'arbres et un four qui fume. Au premier plan, une charrette, sur laquelle est couché un paysan, est attelée d'un cheval et d'un âne que dirige un autre villageois.

Signé en toutes lettres et daté, au premier plan, sur un quartier de rocher, vers la gauche.

Julius Ibbetson.
1792.

Toile. — Hauteur, 0^m,44; largeur, 0^m,60.

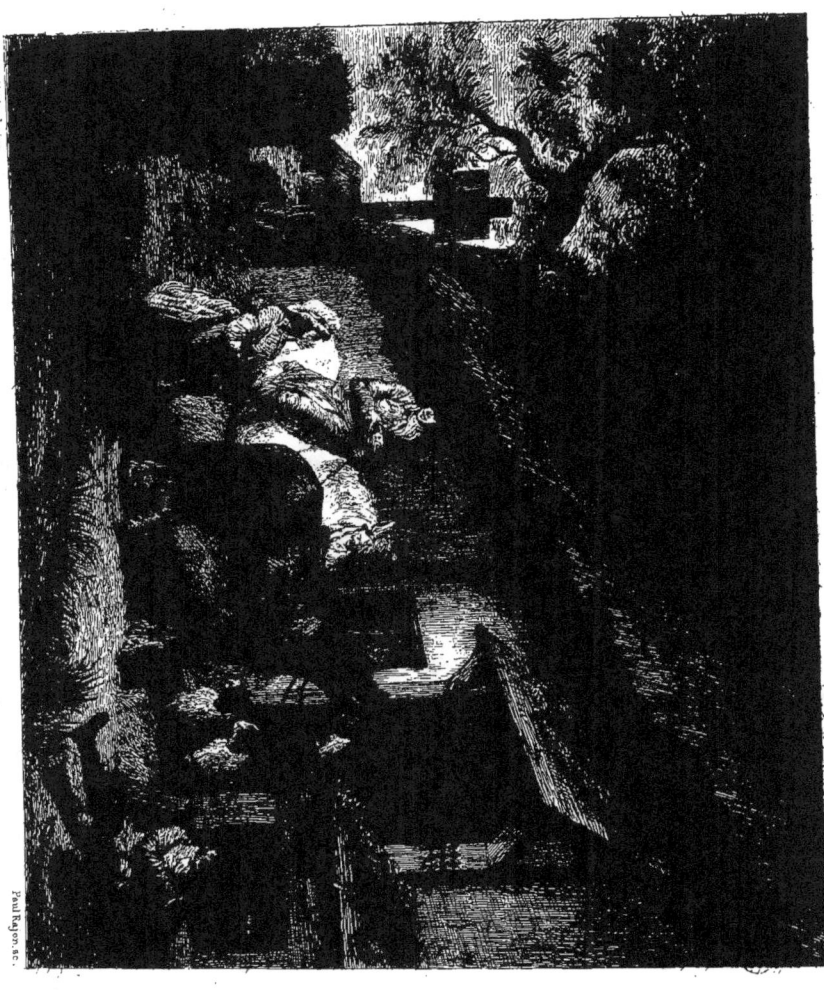

LA HALTE.

MORLAND

(GEORGE)

Né à Londres en 1763, il y mourut en 1804. — Élève de Henry Robert Morland et de Sir Joshua Reynolds.

LA HALTE

Arrêté devant le cabaret de *la Cloche*, dont l'enseigne est attachée à un poteau planté près d'un grand arbre, un gentleman, monté sur un cheval blanc, regarde l'accorte servante qui vient de lui apporter à boire dans une tasse. Son compagnon est descendu de son cheval bai-brun, et, étendu sur l'herbe, il présente un verre d'ale à un savetier à qui il a donné une de ses chaussures à raccommoder. Sur l'échoppe, on lit :

> *Boots and Shoes*
> *Neatly Mended.*

Deux chiens de chasse se tiennent à la porte du cabaret.
Au premier plan, à gauche, une pompe et un seau.

Gravé par Paul Rajon

Toile. — Hauteur, 0^m,62; largeur, 0^m,74.

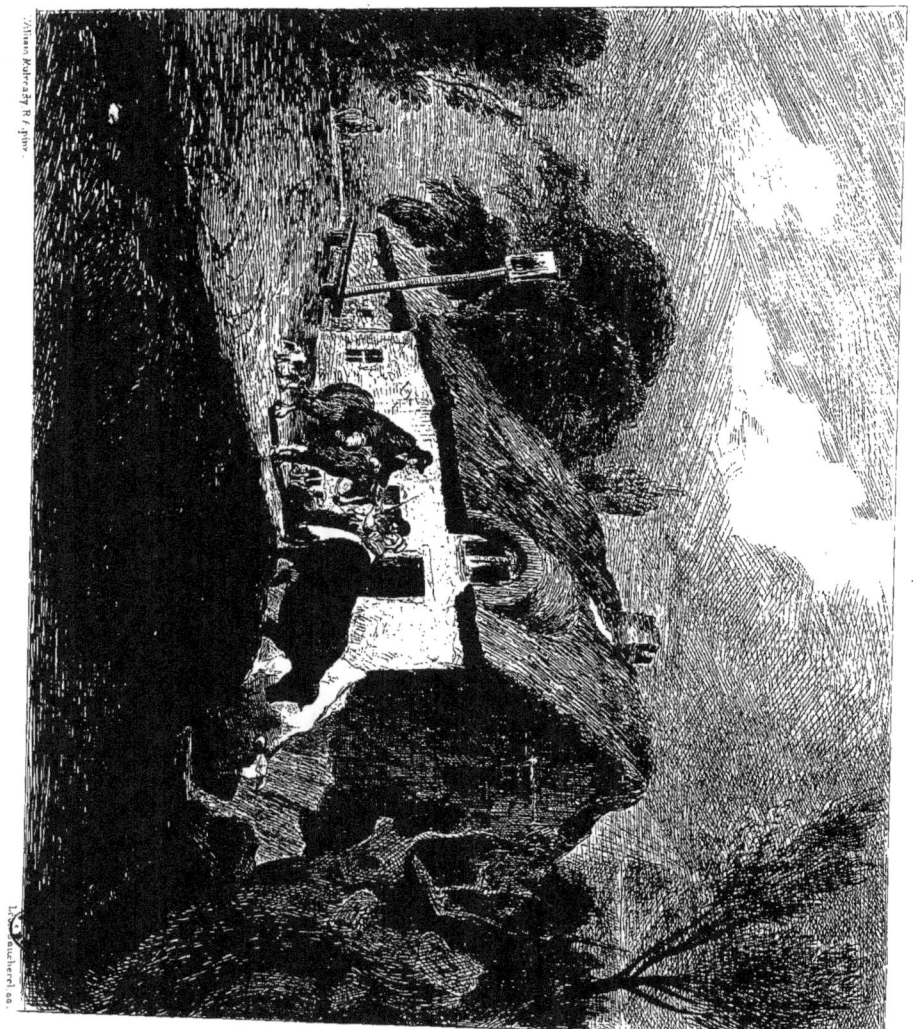

L'ABREUVOIR.

MULREADY, R. A.

(WILLIAM)

Né à Ennis, dans le comté de Clare en Irlande, le 1er avril 1786, mort à Londres, le 7 juillet 1863.
Élève de la *Royal Academy*, dont il devint membre en 1816.

L'ABREUVOIR

Au bord d'une route au tournant de laquelle va disparaître un cavalier, un cabaret devant lequel est arrêté un autre cavalier à qui l'on donne à boire; trois chiens l'accompagnent; au premier plan, l'abreuvoir, dont s'approchent deux vaches.

Gravé par Léon Gaucherel.

Papier maroufé. — Hauteur, 0m,37; largeur, 0m,44.

OPIE, R. A.

(JOHN)

Né à Sainte-Agnès, près Truro, en mai 1761, mort à Londres le 9 avril 1807. — Élève de Sir Joshua Reynolds. Il fut élu académicien en 1787.

LA FEMME EN BLANC

Assise dans un parc éclairé par le soleil couchant dont les rayons se reflètent dans les eaux d'un étang, elle est vue de face, regardant à droite. Un chapeau de paille, doublé de soie mauve et dont les rubans flottent sur ses épaules, laisse apercevoir ses cheveux noirs coupés à la Titus. Elle porte une robe blanche à manches courtes, légèrement échancrée sur la poitrine et bordée de mauve avec un liséré citron; une ceinture pareille entoure sa taille.

Toile. — Hauteur, 1^m,13; largeur, 0^m,98.

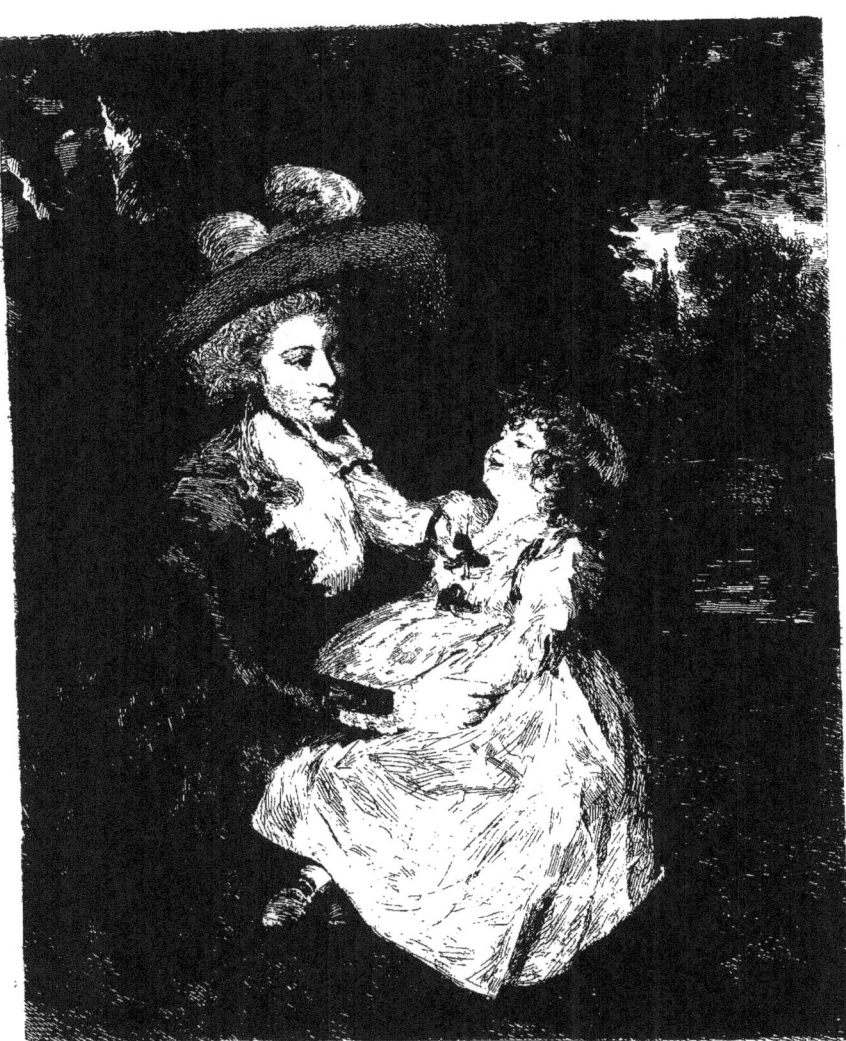

Sir Joshua Reynolds, P.R.A. pinx.   J. Jacquemart. sc.

LA VEUVE ET L'ENFANT.

F.ᵛᵉ Loemer & Imp.Paris.

REYNOLDS, P. R. A.

(SIR JOSHUA)

Né à Plympton (Devonshire) le 16 juillet 1723; il mourut à Londres le 23 février 1792, dans Leicester Square. Élève de Hudson, il fonda la *Royal Academy* en 1768 et en fut à l'unanimité élu président.

LA VEUVE ET SON ENFANT

Assise dans un parc, vêtue de deuil, la tête couverte d'un grand chapeau de feutre noir orné de plumes, elle demeure rêveuse tandis qu'une charmante enfant, habillée de blanc, est assise sur ses genoux, lui sourit et s'efforce de l'égayer par ses caresses.

C'est le portrait de Mme Seyforth et de sa fille.

Il a été gravé en 1787 à la manière noire par J. Grozer.

Gravé par Jules Jacquemart.

Toile. — Hauteur, 1^m,42; largeur, 1^m,12.

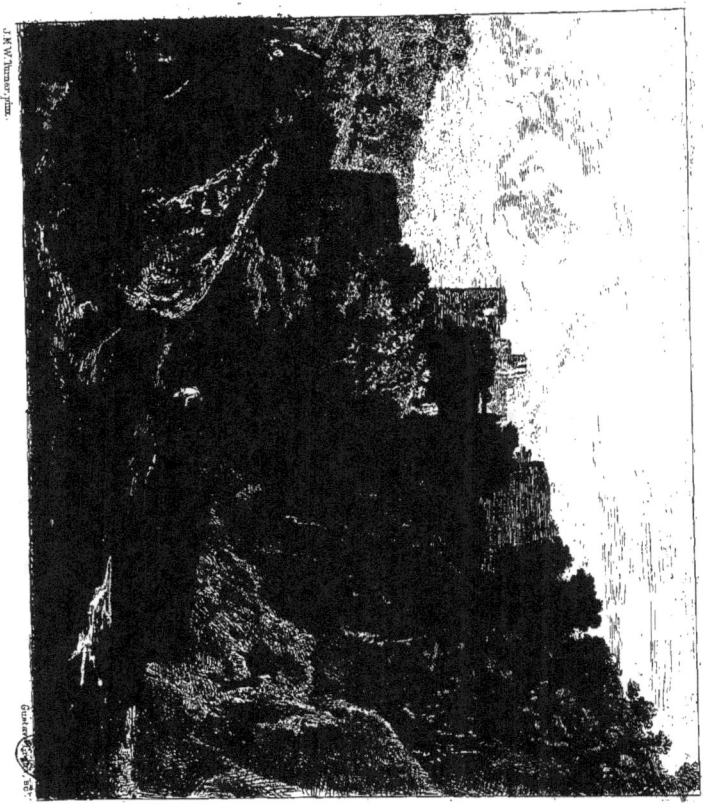

LE CHÂTEAU DE KILGARREN

TURNER, R. A.

(JOSEPH-MALLORD-WILLIAM)*

Né à Londres le 23 avril 1775, il y mourut le 19 décembre 1851. — Elève de la *Royal Academy*, dont il fut élu membre en 1802.

LE CHATEAU DE KILGARREN

Au milieu d'un des sites les plus pittoresques de l'Irlande, au haut de rochers à demi couverts de verdure qui occupent toute la droite du tableau, s'élèvent les ruines de l'antique manoir qui se profilent sur l'azur d'un ciel légèrement estompé de nuages.

Au premier plan, au fond d'un ravin semé d'énormes blocs de pierre, un cours d'eau à moitié desséché.

Ce tableau, qui date de 1804, est entièrement peint d'après nature.

Gravé par Gustave Greux.

Toile. — Hauteur, 0m,58; largeur, 0m,72.

WILSON, R. A.

(RICHARD)

Né en 1713 à Pinegras (Montgomeryshire), mort en 1782 à Llanverris (Denbighshire). — Élève de Wright. Il entra à l'Académie lors de sa fondation.

BORDS DU TIBRE

Sur l'une des rives du fleuve, au premier plan, à gauche, une tour près de laquelle des paysans fouillent parmi des fragments de rocher. Sur la rive opposée, vers la droite, une autre tour en ruine.

On distingue deux barques sur le fleuve.

Fond de montagnes.

Toile. — Hauteur, $0^m,24$; largeur, $0^m,53$.

ÉCOLE FLAMANDE

BOSSCHAERT, DIT WILLEBOORTS

(THOMAS-WILLEBRORD)

Né à Berg-Op-Zoom en 1613, mort à Anvers en 1656. — Élève de Gérard Zegers.

LE GUITARISTE

Debout près d'un appui en pierre sur lequel est posé un cahier de musique, un jeune musicien, à l'air inspiré, chante une romance en s'accompagnant de la guitare. Ses longs cheveux châtains retombent négligemment sur ses épaules. Un ample manteau brun est jeté sur son pourpoint noir.

Signé à droite, au bas du tableau, en lettres éclairées.

T WILLEBOORTS.
FEC. 1645.

Toile. — Hauteur, 1ᵐ,09; largeur, 0ᵐ,83.

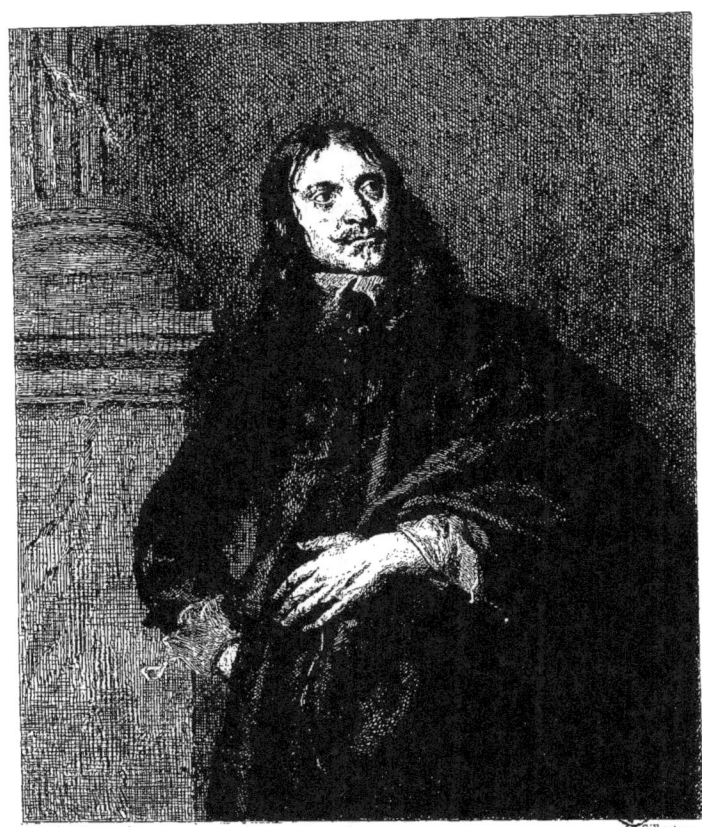

PORTRAIT DE GONZALÈS COQUES.

COCX, dit GONZALÈS COQUES

(GONZALVE)

Né à Anvers en 1617, il y mourut en 1684. — Élève de Pieter Brueghel le troisième et du second David Ryckaert.

PORTRAIT DU PEINTRE

Debout, vu jusqu'aux genoux, la tête légèrement inclinée, il regarde vers la droite. Ses cheveux, séparés par le milieu, retombent en boucles sur ses épaules. Il porte des moustaches et une royale. Un manteau qu'il retient de la main gauche est jeté sur son épaule et couvre en partie son costume noir.

Un col blanc est rabattu sur son vêtement.

A droite, est une colonne sur le soubassement de laquelle on lit :

$$\text{ÆTA. 29. 1646.}$$

Les savantes recherches de M. Alfred Michiels lui ont fait découvrir que « cette toile est bien le portrait authentique de Gonzalès Coques et le pendant d'une autre œuvre du maître, exactement de même dimension, représentant sa femme Catherine Ryckaert et sa fille unique Gonzaline, dont la mère peigne les beaux cheveux devant un miroir où se réfléchit sa propre image. L'âge de l'enfant prouve que le tableau a été exécuté la même année que le portrait du peintre. »

Dans la note que M. Michiels a eu l'obligeance de nous communiquer et d'où est extrait ce qui précède, il fait observer que « les deux dates que porte le portrait de Gonzalès ajoutent à sa valeur ; car elles fixent d'une manière définitive l'année de sa naissance. Celle du registre baptismal d'Anvers est fausse : ce registre a été recopié par un scribe inattentif, qui a estropié en même temps le nom du peintre et le milllésime. »

Le *Portrait d'un Gentilhomme flamand*, décrit plus loin, est entouré d'un cadre du temps dont l'inscription confirme la découverte de M. Michiels ; on y lit en effet : *Gonzalès Coques, 1618*.

Le portrait de la femme du peintre et de leur fille est décrit dans le neuvième volume de l'*Histoire de la Peinture flamande*, par M. Alfred Michiels, volume dont la publication est prochaine.

Gravé par Achille Gilbert.

Toile. — Hauteur, 1^{m}03,; largeur, 0^m,83.

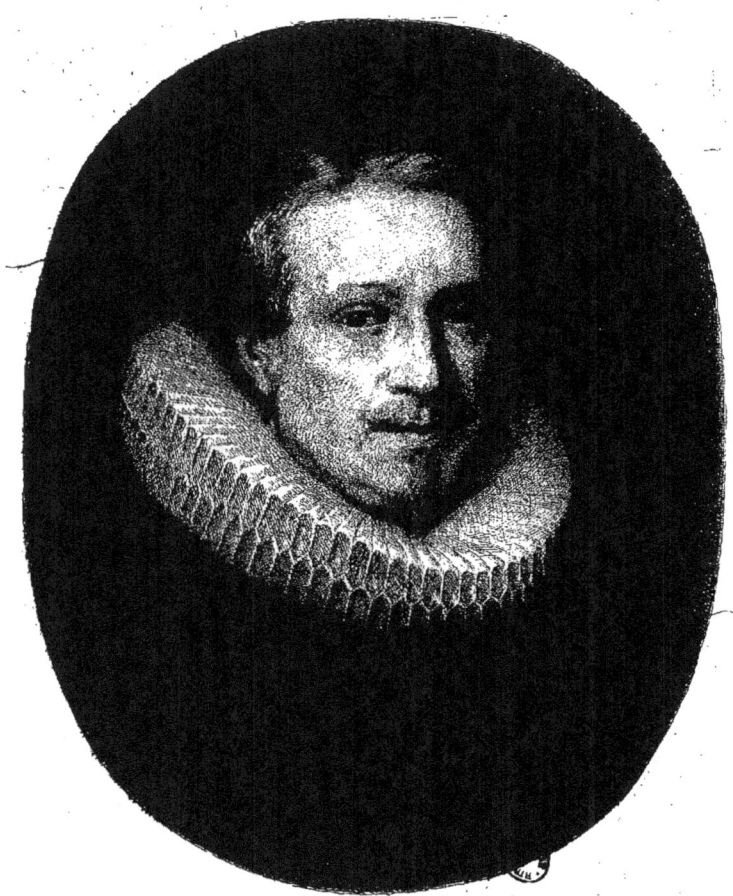

PORTRAIT D'UN GENTILHOMME FLAMAND

COCX, DIT GONZALÈS COQUES

(GONZALVE)

PORTRAIT D'UN GENTILHOMME FLAMAND

En buste, la tête presque de face tournée vers la droite. Vêtu de noir, avec fraise blanche tuyautée. Cheveux, moustaches et royale blonds.

Gravé par Edmond Hédouin.

Collection du comte F. Cornet de Ways-Ruart.

Cuivre ovale. — Hauteur, 0m,18; largeur, 0m,14.

COCX, DIT GONZALÈS COQUES

(GONZALVE)

LADY CARLISLE

Vêtue de satin noir, avec collerette et manchettes de dentelle blanche, un collier, des boucles d'oreilles et des bracelets de perles, un bouquet au sein, elle est debout dans un parc, près d'une fontaine à laquelle elle présente sa main droite.

Bois. — Hauteur, 0^m,33; largeur, 0^m,23.

VAN DEYNUM

(JEAN-BAPTISTE)

Né à Anvers en 1620, il y mourut en 1669.
On ne connaît point son maître.

NATURE MORTE

Sur une table à demi couverte d'un tapis bleu, des raisins, des cerises, un citron dont le zeste est à moitié coupé, un verre de bière et un verre de vin du Rhin.

Signé en toutes lettres, en haut, à gauche.

B Van Deynum fecit

Bois. — Hauteur, 0^m,29; largeur, 0^m,24.

JORDAENS

(JACOB)

Né à Anvers en 1593, il mourut en 1678. — Élève d'Adam van Noort, dont il devint le gendre.

LE FOU

Il est de face, vu à mi-corps; il regarde en riant par une croisée ouverte, et en débitant quelque folie qu'il accentue du geste. Il est vêtu mi-partie de bleu et de jaune; des grelots à la ceinture et au bonnet; sa main gauche retient un chat accroupi sur l'appui de la fenêtre.

Toile. — Hauteur, 0^m,83; largeur, 0^m,70.

KESSEL

(NICOLAS VAN)

Né à Anvers en 1684, il y mourut en 1741. — Élève de son oncle, Ferdinand Van Kessel.

BARBIERS ET CHIRURGIENS

Dans un intérieur très-lumineux, éclairé par une croisée qui se trouve à droite, deux singes qui remplissent le rôle d'aides-chirurgiens, introduisent par la porte du fond un singe blessé; au premier plan, à gauche, le chirurgien, assisté par deux aides, soigne le pied d'un malade; à droite, le barbier rase un chat assis dans un fauteuil, tandis qu'un autre chat, une patte en écharpe, attend son tour pour être traité.

Au mur, des fioles sur une tablette et une étagère.

Sur un perchoir, une chouette retenue par la patte au moyen d'une chaîne.

Toile. — Hauteur, 0^m,30; largeur, 0^m,34.

MEERT

(PIETER)

Né à Bruxelles en 1619?, mort en 1669. — On ignore de qui il fut l'élève.

PORTRAIT D'HOMME

Vu de trois quarts, à gauche, il est assis dans un fauteuil; sa main droite tient des gants, la gauche est appuyée sur le bras du siége. Il a la figure encadrée de longs cheveux légèrement grisonnants; moustaches et mouche grises. Un col blanc rabattu tranche sur son vêtement noir.

Toile. — Hauteur, 1^m,05; largeur, 0^m,87.

POURBUS LE JEUNE

(FRANÇOIS)

Né à Anvers en 1570, mort à Paris en 1622. — Élève de son père François Pourbus le Vieux.

L'ENFANT AUX CERISES

Vue jusqu'aux genoux, debout, de grandeur naturelle, elle est vêtue d'une robe noire à manches en soie violacée, brodée de noir ; une fraise entoure son cou ; un ruban rouge retient ses cheveux dorés ; elle tient de la main droite une cerise et de la gauche son mouchoir garni de broderies et de glands rouges.

Derrière elle, à sa droite, une colonne sur le soubassement de laquelle se lit son âge.

ÆTATIS : SVÆ · 6 : 1594

Bois. — Hauteur, 0^m,80 ; largeur, 0^m,56.

MERCURE, ARGUS ET IO.

RUBENS

(PIERRE-PAUL)

Né à Siegen le 29 juin 1577, mort à Anvers, le 30 mai 1640. — Eléve d'Adam Van Noort et d'Otho Vœnius.

MERCURE, ARGUS ET IO

Au centre d'un superbe paysage, Argus est profondément endormi sur un tertre au pied d'un arbre ; à gauche, Mercure qui suit attentivement les progrès du sommeil, s'apprête à frapper le coup fatal en tirant un glaive du fourreau.

Io, métamorphosée en vache, occupe la droite du tableau.

Rubens affectionnait ce sujet ; il l'a répété quatre fois en diverses dimensions.

Smith, dans son *Catalogue raisonné*, indique qu'un de ces tableaux est à l'Escurial (page 132, n° 450), un autre dans la Galerie de Dresde (page 85, n° 270); qu'un troisième, le plus petit des quatre, est passé de la collection de Lord Rostock dans celle de M. Emmerson (page 259, n° 876), et que le quatrième (même page, même numéro) se trouve dans la galerie Van Brienen à Amsterdam ; c'est le tableau que nous venons de décrire ; il provient de la collection même de Rubens et est inscrit sous le n° 118 dans l'inventaire dressé après la mort du maître (Smith, pages 33 et 85) ; il faisait partie des tableaux réservés qui n'ont point été compris dans la vente du baron Van Brienen de Grootelindt.

Gravé par Charles Waltner.

Bois. — Hauteur, 0^m,58 ; largeur, 0^m,78.

RUBENS

(PIERRE-PAUL)

PORTRAIT D'UNE DAME FLAMANDE

Elle est debout, vue jusqu'aux genoux; la tête de trois quarts est tournée vers la gauche; vêtue de noir, le corsage brodé d'or, le cou entouré d'une large fraise blanche, elle est coiffée d'un léger bonnet enrichi de pierreries; une grande chaîne d'or enserre sa taille et se termine par une cassolette que retient la main droite ornée de bagues et de bracelets; la main gauche est appuyée sur une table recouverte d'un riche tapis.

Une draperie rouge à larges plis laisse apercevoir un fond de paysage.

Rubens a peint un portrait d'homme en pendant à celui-ci.

Ils ont tous deux été gravés à l'eau-forte par Spruyt et ont fait partie des collections de Fraula, 1781, Van Saceghem, de Gand, 1851, comte Robert de Cornelissen, 1857.

Smith, *Catalogue raisonné*, tome II, page 263, n° 890.

TENIERS LE JEUNE

(DAVID)

Né à Anvers en 1610, mort à Bruxelles vers 1694. — Élève de son père, David Teniers le Vieux.

INTÉRIEUR DE CABARET

Dans un cabaret de village, des paysans sont réunis en deux groupes ; le principal est formé, sur le devant, par trois compères réunis autour d'une table, l'un debout et fumant, le coude appuyé sur le dossier d'une chaise ; les deux autres assis, l'un sur une chaise de bois, allume sa pipe, l'autre sur une cuvette renversée tient d'une main un broc et de l'autre un verre plein. Sur la table, un pot à feu et une feuille de papier avec du tabac. L'autre groupe, au fond, à droite, est composé de sept personnages ; deux jouent aux cartes, quatre autres les regardent et les conseillent. A droite, sur le devant, un chien près de divers accessoires, et tout à fait à gauche, un peu en arrière du premier groupe, un paysan debout près d'une clôture en bois, le dos tourné au spectateur.

Signé en toutes lettres, au bas, à gauche.

D. TENIERS · FET

Bois. — Hauteur, 0^m,55 ; largeur, 0^m,69.

VOS

(SIMON DE)

Né à Anvers en 1603, il y mourut en 1676. — Élève de Cornelis De Vos et de Rubens.

PORTRAIT DE JOANNES NEYEN, D'ANVERS

Il porte un long vêtement noir sur lequel tranche son col blanc négligemment rabattu. Il a les moustaches et la barbiche blondes; ses cheveux bruns sont bouclés. L'index de sa main droite, passé entre les feuillets, entr'ouvre un livre.

On lit derrière le panneau : Joannis Neyen Antverpiensis, vic. generalis ; archi aud. apud. Leg. fev. : 1637.

Bois. — Hauteur, 0^m,95 ; largeur, 0^m,74.

ÉCOLE FRANÇAISE

TABLEAUX

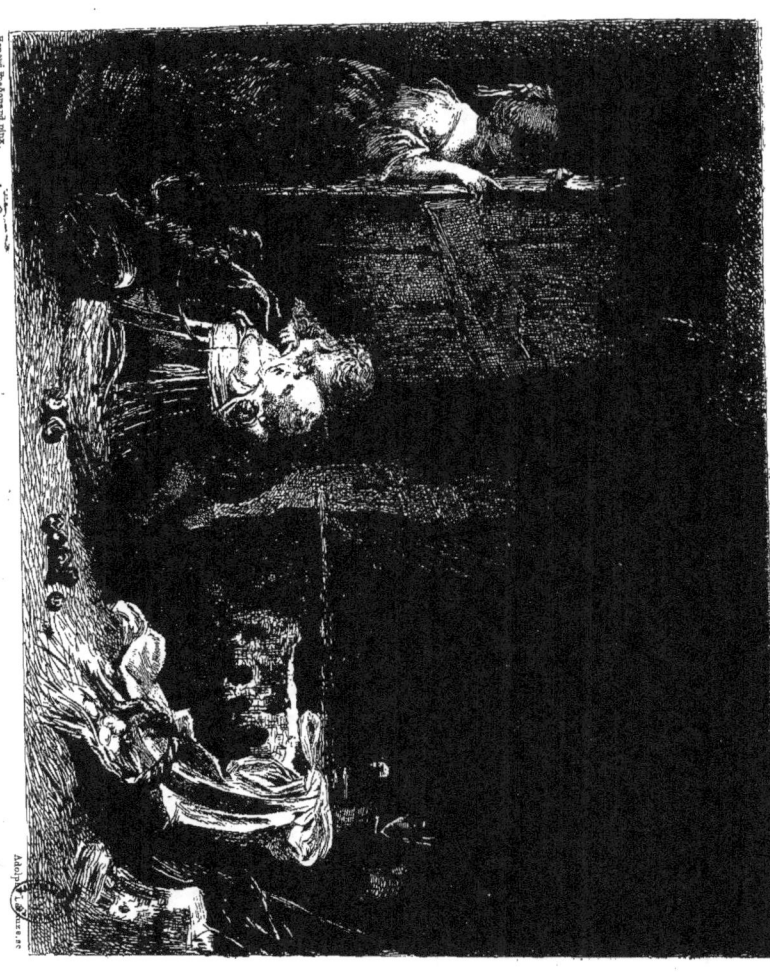

CACHE-CACHE.

FRAGONARD

(JEAN-HONORÉ)

Né à Grasse en 1732, mort à Paris en 1806. — Elève de Siméon Chardin et de François Boucher.

CACHE-CACHE

Dans une cour, près d'un puits qui occupe la gauche et sur la margelle duquel on voit divers vases et du linge, un petit enfant apprend à se tenir debout dans un chariot d'osier, et, repoussant du bras droit son aîné qui l'embrasse, il cherche à voir sa mère qui se cache à demi derrière une porte entr'ouverte.

Un chien jappe près du bébé.

A terre, un tambourin, des pommes, et, près d'un chapiteau renversé, un panier rempli d'œufs.

Collection Barroilhet.

Gravé par Adolphe Lalauze.

Toile. — Hauteur, 0^m,48; largeur, 0^m,62.

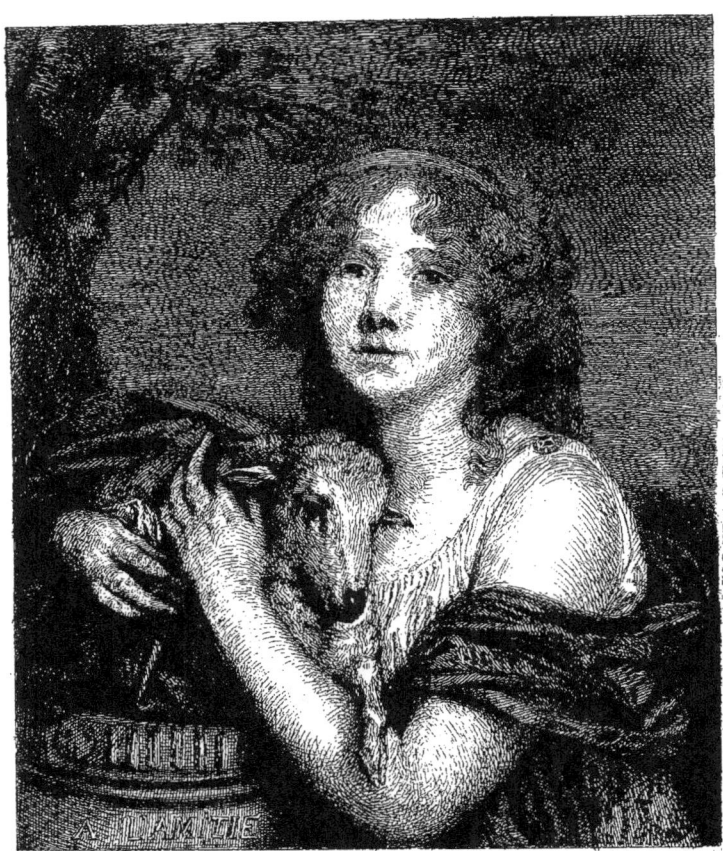

J.B.Greuze.pinx. Ch.Waltner.sc.

À L'AMITIÉ.

GREUZE

(JEAN-BAPTISTE)

Né à Tournus, près de Mâcon, le 21 août 1725, mort à Paris, au Louvre, le 21 mars 1805. — Élève de Gromdon.

A L'AMITIÉ

Une charmante jeune fille dont le visage est encadré de cheveux blonds dorés, retenus par un ruban, est vue presque de face, serrant dans ses bras nus autour desquels flotte une écharpe, un mouton posé sur un fût de colonne.

Dans le fond, à gauche, un arbre dont on ne voit qu'une partie.

A gauche, sur la colonne, on lit ces mots : *A l'Amitié*.

Ce tableau, œuvre favorite du maître, a été donné par lui à un de ses plus proches parents et conservé dans la famille ; il n'a jamais été dans le commerce.

Gravé par Charles Waltner.

Bois. — Hauteur, 0^m,55 ; largeur, 0^m,46.

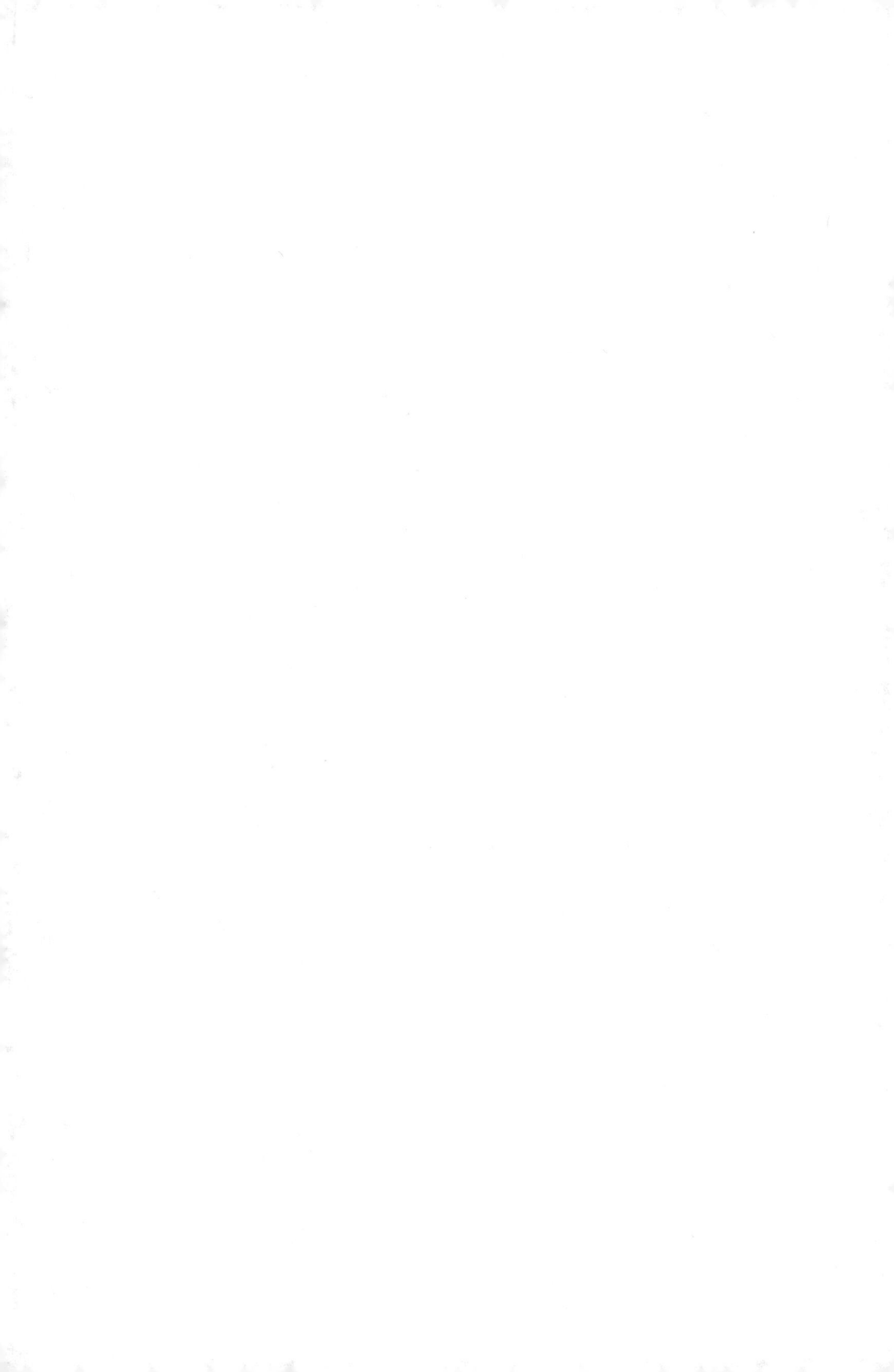

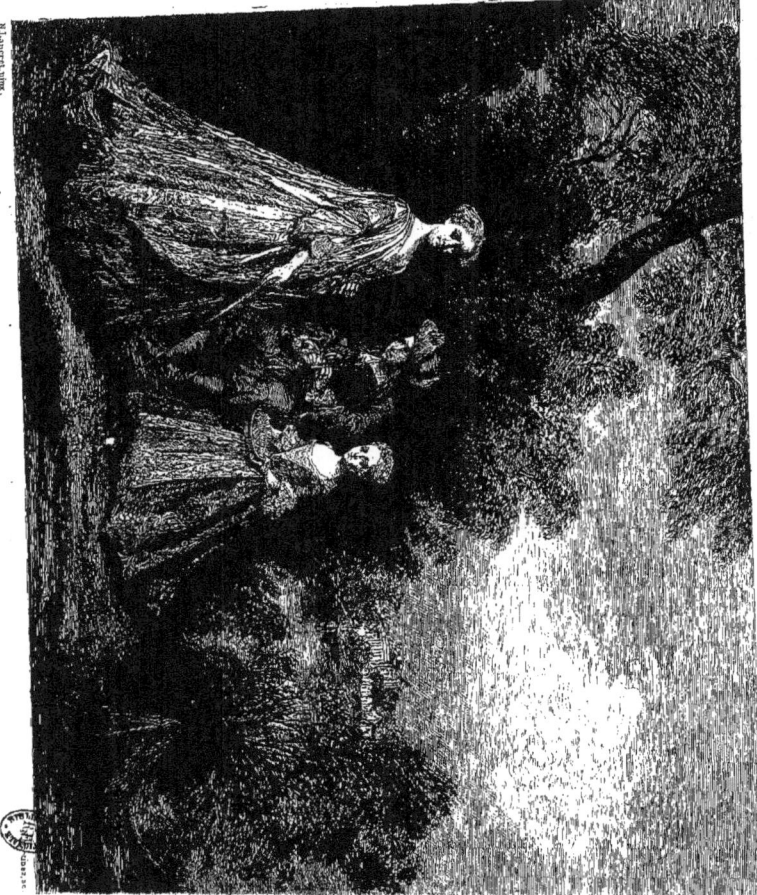

LA MARÉCHALE DE LUXEMBOURG

LANCRET

(NICOLAS)

Ne à Paris en 1690, il y est mort en 1743. — Élève de Dulin et de Gillot.

LA MARÉCHALE DE LUXEMBOURG

Elle est debout dans son parc, au bord d'un étang où elle a jeté la ligne; elle a les cheveux poudrés, surmontés d'un nœud de dentelle, un bouquet au sein, une robe flottante, rayée de blanc et de rose. Une jeune enfant, vêtue de soie bleue à grands ramages blancs, tient une corbeille d'osier pour y recevoir le poisson. Un berger, vêtu de rouge, est assis sur un tertre, abrité par des arbustes, et tout en contemplant la maréchale, il s'apprête à jouer de la cornemuse.

Gravé par Nicolas Martinez.

Toile. — Hauteur, 0^m,58; largeur, 0^m,72.

LAVREINCE

(NICOLAS)

Paris : dix-huitième siècle. — Les renseignements biographiques manquent sur cet artiste.

LA NAUMACHIE DE MONCEAU

Dans le parc de Monceau, des couples amoureux sont étendus sur l'herbe, d'autres sont assis près d'un piédestal surmonté d'un grand vase. Trois enfants jouent accoudés sur une table. Au fond, la colonnade de la *Naumachie*. Au premier plan, deux lévriers, l'un couché, l'autre debout.

Bois. — Hauteur, 0^m,15 ; largeur, 0^m,21.

LE CLERC

DIT LE CLERC DES GOBELINS

(SÉBASTIEN)

Né à Paris en septembre 1676, mort aux Gobelins le 29 juin 1763. — Élève de Sébastien Le Clerc, son père.

LA COMÉDIE ITALIENNE D'APRÈS WATTEAU

C'est une copie du célèbre tableau du Musée de Berlin. Il a été gravé par Thomassin.

Au premier plan, à gauche, Cassandre, puis, derrière un appui en pierre, Colombine, un mezzetin, un négrillon, et une actrice vue de profil et tenant un masque de velours noir de la main gauche.

Bois. — Hauteur, 0^m,20; largeur, 0^m,23.

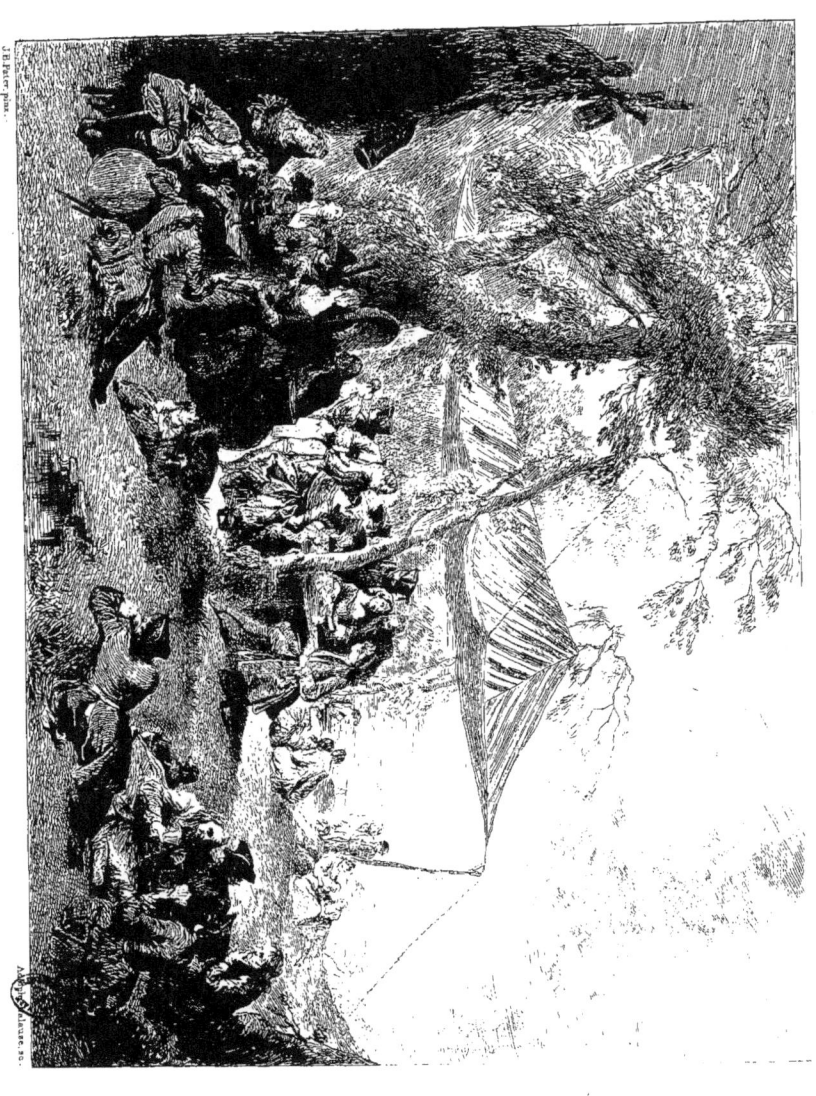

LES PLAISIRS DU CAMP.

PATER

(JEAN-BAPTISTE)

Né à Valenciennes en 1696, mort à Paris en 1736. — Élève de Watteau.

LES PLAISIRS DU CAMP

Sous une tente, des officiers jouent aux cartes avec d'élégantes jeunes femmes; à gauche, des soldats attablés courtisent une servante qui leur sert à boire; un tambour est assis à terre, appuyé sur sa caisse et tenant en main un verre plein; près de lui, une petite fille et un chien. La droite est occupée par d'autres soldats étendus sur le sol et jouant aux cartes; au fond, on fait la cuisine du régiment.

Gravé par Adolphe Lalauze.
Collection Souwarow.

Toile. — Hauteur, 0^m,28; largeur, 0^m,38.

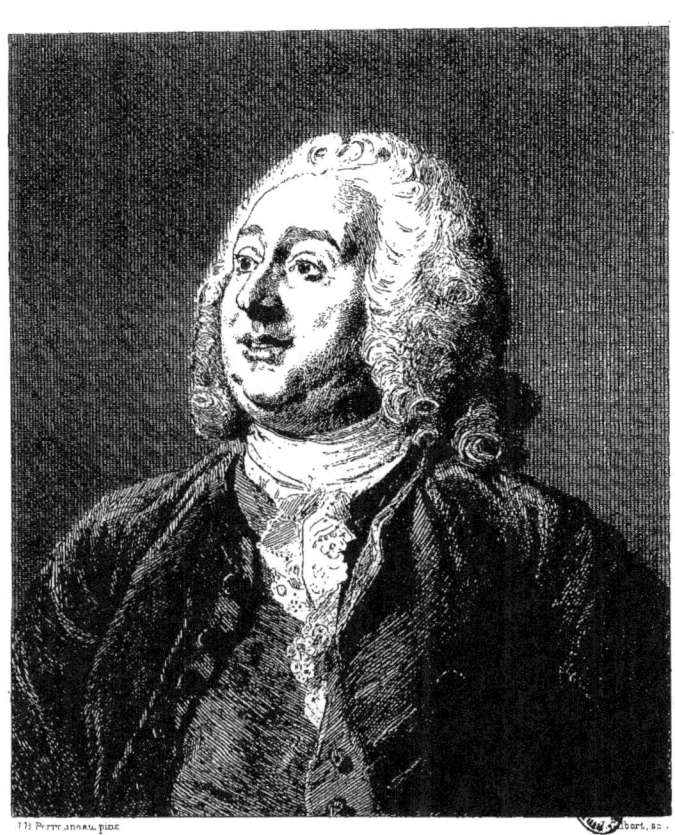

PORTRAIT DU COMTE DE BASTARD.

PERRONNEAU

(JEAN-BAPTISTE)

Né à Paris en 1715? mort à Amsterdam en novembre 1783. — Élève de Natoire et de Laurent Cars.

PORTRAIT DU COMTE DE BASTARD

En buste, de grandeur naturelle, vu de trois quarts, la tête tournée vers la gauche et poudrée, il porte le costume de ville des magistrats de l'époque. Il tient son chapeau sous le bras gauche.

La tête est pleine d'expression et se détache vivement sur un fond neutre.

Gravé par Achille Gilbert.

Signé en toutes lettres et daté, dans le fond, près de l'épaule gauche.

Perronneau pinx
no^{bre} 1747

Pastel. — Hauteur, 0^m,67 ; largeur, 0^m,56.

POUSSIN

(NICOLAS)

Né aux Andelys en 1594 mort à Rome en 1665. — Élève de Quentin Varin, Ferdinand Elle et L'Allemand.

L'ENFANCE DE BACCHUS

Bürger a décrit ainsi cette toile : « C'est une simple petite ébauche dont le maître a probablement peint aussi la grande composition. Trois figures : Bacchus enfant; derrière lui, un faune au torse nu; en avant, une femme accroupie. A droite, une panthère couchée. Le fond du paysage est frotté d'une brosse chaleureuse. Le torse du faune est touché comme par la main d'un statuaire. »

Collection Péreire.

Toile. — Hauteur, 0m,50; largeur, 0m,35.

VIGÉE

(LOUIS)

Paris : xviiie siècle.

PORTRAIT DU FERMIER GÉNÉRAL ALEXANDRE-JEAN-JOSEPH

LE RICHE DE LA POUPELINIÈRE

En buste, vu de face, la tête légèrement inclinée sur l'épaule droite, les cheveux poudrés ; il est vêtu d'un habit gorge-de-pigeon et d'un gilet rose bordé de broderies d'or qui laisse passer un jabot de dentelle. Son chapeau est sous son bras gauche, dont la main se perd dans le gilet.

Fond de tenture bleue.

Madame Élisabeth Vigée-Le Brun s'exprime ainsi au sujet de son père, page 3 de ses *Souvenirs* (Édition Charpentier) : « Mon père, nommé Louis Vigée, peignait fort bien au pastel; il y a même des portraits de lui qui seraient dignes du fameux Latour. Il a fait aussi des tableaux à l'huile, dans le genre de Watteau. Celui que vous avez vu chez moi, est d'une charmante couleur et fait avec esprit. »

Pastel. — Hauteur, 0^m,63 ; largeur, 0^m,54.

WATTEAU

(ANTOINE)

Né à Valenciennes en 1684, mort à Nogent-sur-Marne le 18 juillet 1721. — Elève de Gillot.

L'ILE ENCHANTÉE

A droite et à gauche, de grands arbres qui bordent un lac, derrière lequel se déroule une chaîne de montagnes.

Au premier plan, à droite, un cavalier et une dame se promènent. Tout le côté gauche est occupé par huit autres cavaliers et sept dames étendus sur l'herbe où ils devisent d'amour. Un couple est debout dans le coin gauche.

Gravé par J.-P. Le Bas

Collections de Sir Joshua Reynolds et de Mr Holworthy.

Toile. — Hauteur, 0ᵐ,46; largeur, 0ᵐ,56.

ÉCOLE FRANÇAISE

GRAVURES

LE BAS

(JACQUES-PHILIPPE)

Né en 1707 à Paris, où il mourut le 14 avril 1783.

L'ILE ENCHANTÉE

L'inscription suivante accompagne la planche de Le Bas :

« Gravée d'après le Tableau original. Peint par Watteau de la même grandeur de estampe (*sic*).

« Du Cabinet de M. Cartaud, Architecte de feu S. A. R. Mgr le Duc de Berry.

« A Paris, avec privilége.

« INSULA PERJUCUNDA.

« Salpta juxta exemplar ejusdem magnitudinis a Watteavo depictum. »

ÉCOLE HOLLANDAISE

BACKER

(JACOB)

Né à Harlingen en 1608, mort à Amsterdam en 1651. — On ignore qui fut son maître.

PORTRAIT DE DAME NOBLE

De grandeur naturelle, en buste, de trois quarts, la tête tournée vers la gauche, vêtue de noir avec nœuds rouges et argent; grande pèlerine blanche bordée de guipure; un bijou au cou; autour du chignon, un ruban rouge et argent se terminant par des franges qui viennent se mêler à droite et à gauche aux boucles de ses cheveux.

Toile. — Hauteur, 0^m,64; largeur, 0^m,54.

BEYEREN

(ABRAM VAN)

La date de sa naissance est inconnue; on ignore également qui fut son maître. — Établi à la Haye, on présume, d'après les découvertes les plus récentes, qu'il y mourut vers 1665.

UN ÉTAL DE POISSONNIER A AMSTERDAM

Sur une table supportée par un tréteau sont accumulés divers poissons, dont quelques-uns sont placés dans un panier : un turbot, des crabes, des cabillauds, une tranche de saumon, de la laitance, etc.

Derrière, une cruche de grès, un seau et un crochet.

A gauche, par une fenêtre ouverte, on aperçoit l'Y avec diverses barques, et des pêcheurs et des marchands de poissons sur la rive.

Signé du monogramme sur le champ de la table.

AB f

Toile. — Hauteur, 1^m,15; largeur, 1^m,02.

BERCKHEYDE

(GERRIT)

Né à Harlem en 1638, il y mourut en 1698. — Son maître est inconnu.

INTÉRIEUR D'ÉGLISE

La vue représente un des bas-côtés de la nef.
Des *Obiit* sont suspendus aux colonnes.
Dix figures animent la scène.

Signé et daté, à droite, sur la base d'une colonne.

*G. Berck
1676*

Bois. — Hauteur, 0^m,26; largeur, 0^m,20.

BERCKHEYDE

(GERRIT)

LE DAM

La place du Dam, à Amsterdam; la partie droite est dans l'ombre; toute la partie gauche est vivement éclairée. Une foule de figures anime la scène.

A gauche, l'angle du palais, sur la base duquel on lisait la signature du maître, qui a été remplacée par celle de Van der Heyden; sous cette dernière, on a retrouvé quelques traces très-visibles du nom de Berckheyde.

Collection du comte de Rougé.

Toile. — Hauteur, 0^m,78; largeur, 0^m,935.

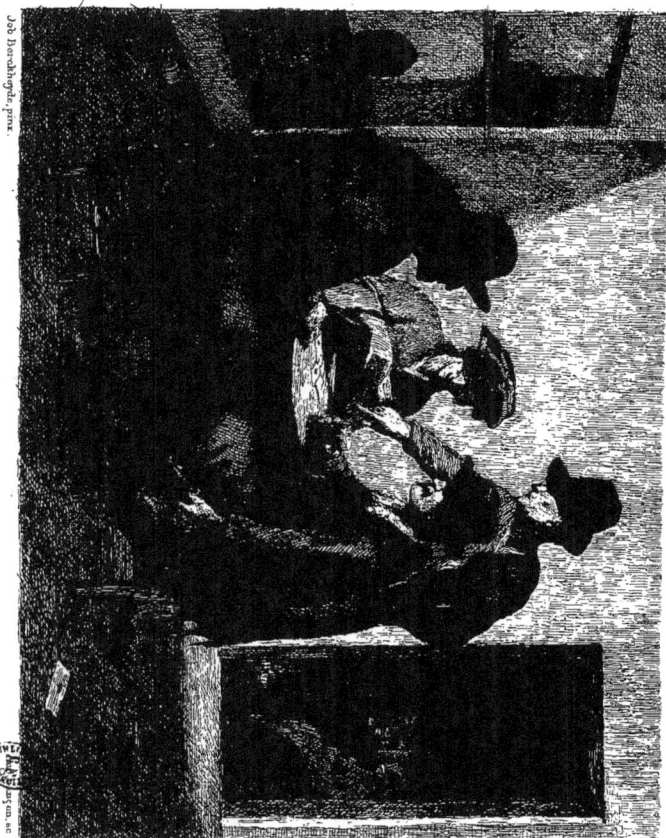

LA PARTIE DE CARTES.

BERCKHEYDE

(JOB)

Né en 1630 à Harlem, où il mourut en 1693. — On ne connaît point son maître.

LA PARTIE DE CARTES

Trois paysans sont attablés; le plus âgé tient de la main droite un verre de bière, et de la gauche un pot de grès; il regarde les deux autres qui jouent aux cartes, et à qui un quatrième paysan, debout, donne des conseils.

Intérieur vivement éclairé.

Au fond, par une porte ouverte à droite, on aperçoit dans la pénombre une cuisine avec une servante endormie devant l'âtre.

Job Berckheyde a aussi signé Hiob Berckheyde.

Gravé par Auguste Lançon.

Signé en toutes lettres, au bas, à droite.

I BerckHeyDe.

Bois. — Hauteur, 0^m,30; largeur, 0^m,40.

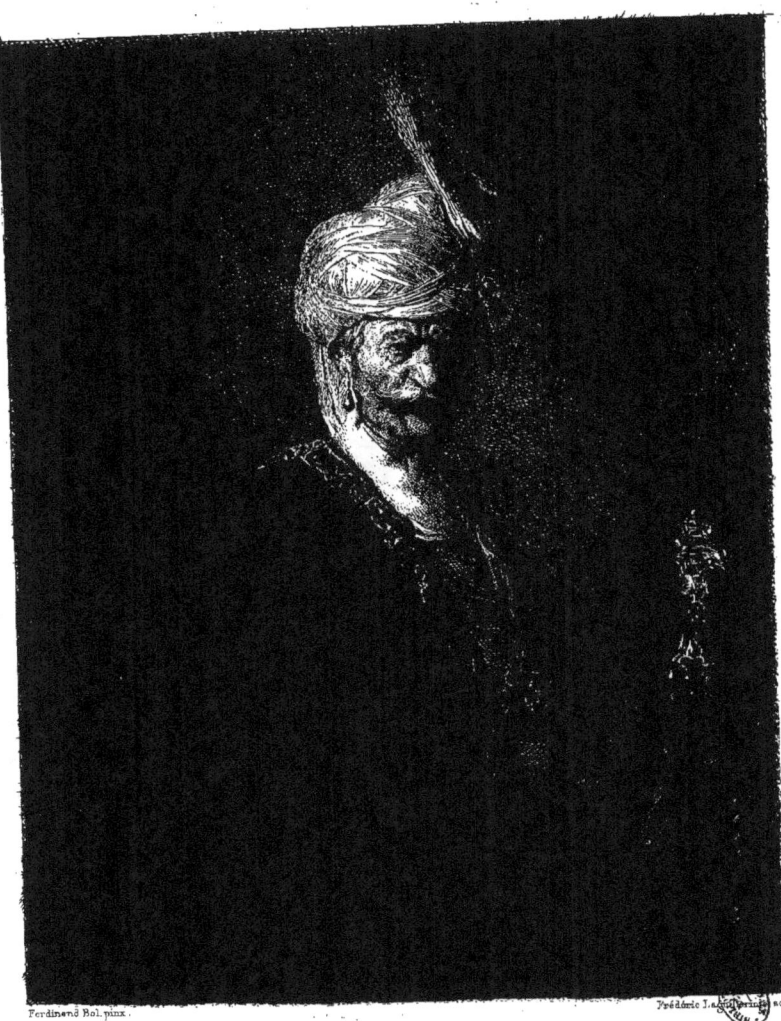

CHEF MAURE.

BOL

(FERDINAND)

Né à Dordrecht en 1611, mort à Amsterdam en 1680. — Élève de Rembrandt Van Rijn.

CHEF MAURE

Debout, vu jusqu'au-dessus des genoux, la main droite appuyée sur une table recouverte d'un tapis rouge, il est vêtu d'un riche costume oriental, et tient de la main gauche un cimeterre à poignée d'or enrichi de pierreries; sa tête est couverte d'un grand turban blanc orné d'une plume en aigrette attachée par un joyau précieux. A ses oreilles pendent d'énormes perles fines. Il a les cheveux, les sourcils, la barbe et les moustaches blancs.

Gravé par Frédéric Laguillermie.

Collection du comte de Rougé.

Toile. — Hauteur, 1^m,30; largeur, 1^m,00.

BRAKENBURG

(RICHARD)

Né à Harlem en mai 1650, il y mourut en 1703. — Élève d'Adriaan Van Ostade.

LE GALANT MÉNÉTRIER

Au premier plan, une jeune femme assise interrompt son repas pour écouter le vieux ménétrier qui lui conte fleurette; une planche posée sur un tonneau sert de table; une petite fille galope sur un cheval de bois en regardant un jeune garçon étendu à terre, le dos tourné au spectateur.

Au fond, une femme est attablée avec trois paysans; un quatrième est debout près d'elle.

A gauche, au second plan, derrière la jeune femme, un homme est debout, tourné vers la muraille.

Collection Van de Wynperse.

Signé en toutes lettres, au bas, à droite, sur le sol.

R Brakenburg

Bois. — Hauteur, 0^m,25; largeur, 0^m,33.

BREKELENKAMP

(QUIRIJN VAN)

Amsterdam (?), XVIIe siècle. — Élève de Gerard Dov.

AU COIN DE L'ATRE

Une vieille femme est assise dans un fauteuil d'osier, près d'une vaste cheminée; elle regarde attentivement cuire le pot-au-feu; à sa gauche, sur une chaise et à terre, divers accessoires de cuisine, une tranche de saumon, un pain, une cruche de grès.

Au fond, une grande armoire au haut de laquelle se trouvent trois vieux bouquins, un plat d'étain, un pot de terre et du linge.

Signé des initiales et daté au bas à droite.

Bois. — Hauteur, 0^m,43; largeur, 0^m,36.

BROUWER

(ADRIAAN)

Né à Harlem en 1608, d'après le catalogue du Musée d'Amsterdam, qui le fait mourir à Anvers en 1640, mais M. le docteur Van der Willigen a découvert la pièce authentique de l'enterrement de Brouwer à Harlem le 31 mars 1640. — Élève de Frans Hals.

LE JOYEUX BUVEUR

En buste, vu de trois quarts, tourné vers la droite, une barrette rouge sur la tête, il tient de la main gauche un verre de bière et regarde en riant.

Collection du comte de Morny.

Cuivre ovale. — Hauteur, 0^m,08 ; largeur, 0^m,06.

BROUWER

(ADRIAAN)

INTÉRIEUR DE CABARET

Au premier plan trois campagnards; l'un d'eux, assis dans une chaise, un verre de bière à la main, écoute un gai compère dont les propos font rire le troisième.
Au fond, un autre groupe de trois paysans dont l'un allume une pipe.

Cette vive esquisse a appartenu au prince Adam Czartoriski.

Bois. — Hauteur, 0^m,31; largeur, 0^m,46.

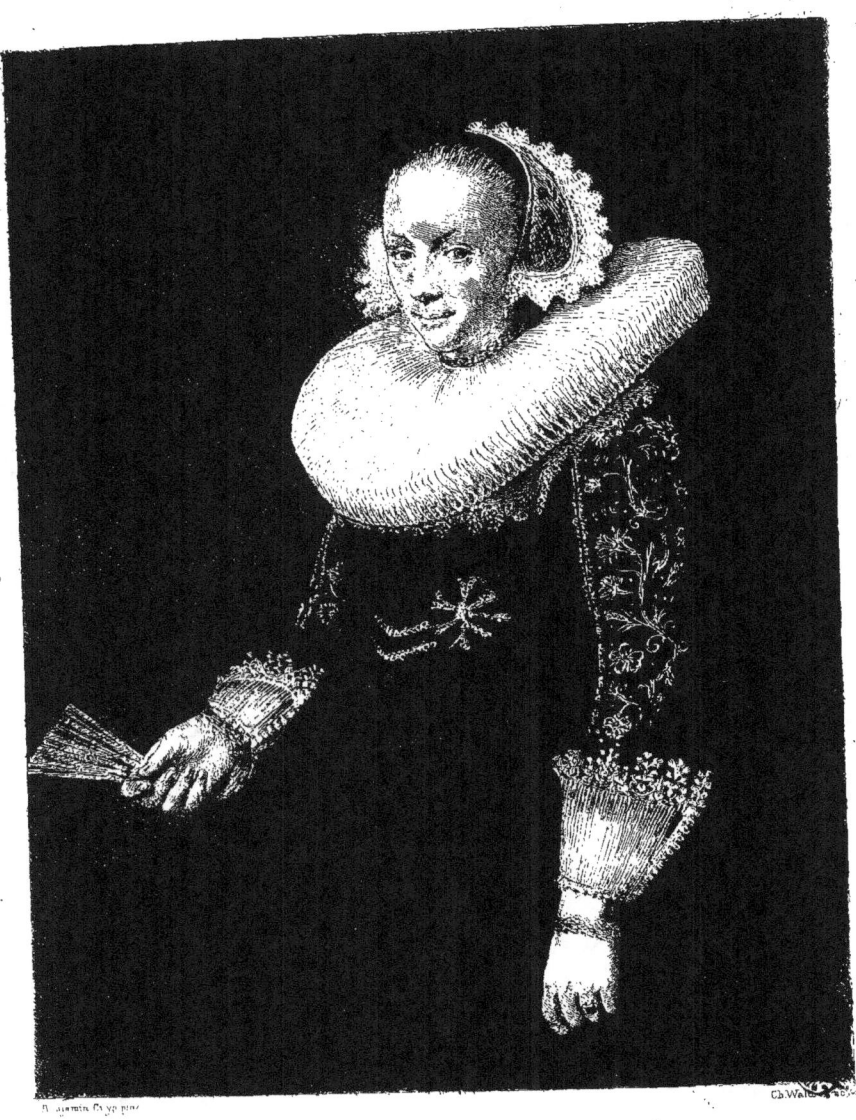

LA JEUNE FEMME À L'ÉVENTAIL.

CUYP

(BENJAMIN)

Dordrecht : xviie siècle. — On ignore l'époque exacte de la naissance et de la mort de ce neveu d'Aalbert Cuyp, et le nom de son maître.

LA JEUNE FEMME A L'ÉVENTAIL

Debout, de trois quarts, vue jusqu'aux genoux, elle est vêtue de noir brodé d'argent ; elle porte un bonnet, une collerette et des manchettes en guipure ; elle a un collier et des bracelets d'or ; une grande fraise tuyautée entoure son cou ; sa main droite tient un éventail.

Gravé par Charles Waltner.

On lit au fond, à droite, à la hauteur de l'épaule.

AN° 1636

Bois. — Hauteur, 1^m,06 ; largeur, 0^m,76.

DECKER

(CORNELIS-GERRITS)

Né à Harlem, date inconnue; mort dans cette ville en 1678. — On ne connaît point son maître.

LE PONT DE BOIS

A droite, une chaumière abritée sous des arbres et baignée par une rivière que traverse un pont sur lequel sont assis deux paysans. Près de la maison, la ménagère qui vient puiser de l'eau.

Ciel couvert.

Bois. — Hauteur, 0^m,43; largeur, 0,40.

DELFF

(JACOB WILLEMSZ)

Delft 1619-1661 Delft. — Il est le fils de Willem, le graveur, dont il fut sans doute l'élève ainsi que de Cornélis et Roch Delff, ses oncles. Il y a à l'hôtel de ville de Delft un fort beau tableau de gardes bourgeoises — *schutterstuk* — par Jacob Willemsz.

PORTRAIT D'UN JEUNE GENTILHOMME

Il est vu de trois quarts, à droite. Sa longue chevelure noire retombe en boucles sur ses épaules. Son costume se compose d'un pourpoint de soie à crevés, avec col rabattu, garni d'une large guipure.

Il est âgé de vingt-quatre ans, comme l'indique l'inscription qui précède la date et la signature placées à gauche vers le milieu.

Bois. — Hauteur, 0ᵐ,72; largeur, 0ᵐ,60.

DELFF

(JACOB WILLEMSZ)

PORTRAIT D'UNE JEUNE DAME

Pendant du précédent.

Sa coiffure est en guipure; sa chevelure blonde couvre en partie ses épaules; elle porte des boucles d'oreilles en diamant. Une pèlerine garnie d'un double rang de guipure et fermée par un nœud de ruban retombe sur sa robe de soie noire.

L'âge du modèle, — vingt et un ans, — la date et la signature du maître se trouvent à droite vers le milieu.

Bois. — Hauteur, 0^m,72; largeur, 0^m,60.

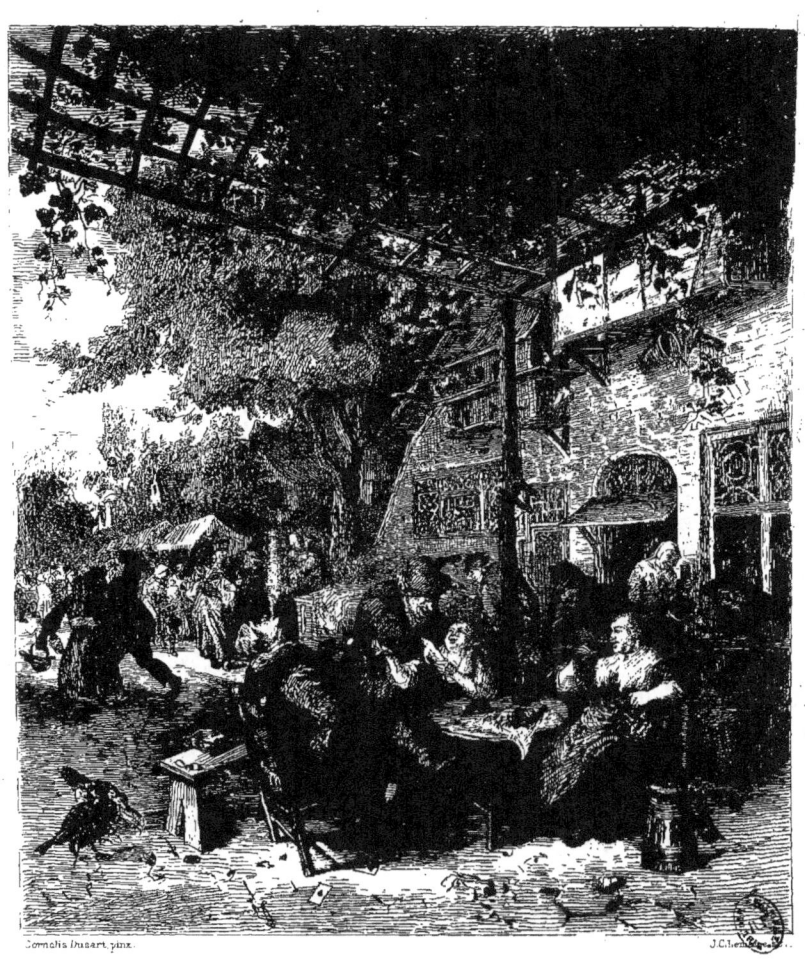

UNE KERMESSE.

DUSART

(CORNELIS)

Né à Harlem en 1660; il y mourut en 1704. C'est par erreur qu'on a prétendu que *la Halle aux Poissons*, du Musée d'Amsterdam, porte la date de 1653; elle est datée de 1683. — Élève d'Adriaan Van Ostade.

UNE KERMESSE

Sous la treille, devant un cabaret, sont attablés des buveurs, hommes et femmes. L'une d'elles, qui tient d'une main une cruche en grès avec couvercle en étain, vide de l'autre, à petits coups, un verre de liqueur vermeille; près d'elle, sur la table, des crabes et des crevettes; un fumeur lance de la fumée en l'air en se dandinant sur une chaise, tandis qu'un vieux luron veut se permettre des privautés avec une grosse commère qui le repousse.

Au fond, le village, des danseurs, des ivrognes, une foire installée sous des tentes.

Gravé par J.-C. Lemaire.

Signé en toutes lettres et daté au bas, à gauche, dans le terrain.

Toile. — Hauteur, 0m,65; largeur, 0m,55.

FLINCK

(GOVERT)

Né à Clèves en 1615, mort à Amsterdam en 1660. — Élève de Lambert Jacobzen et de Rembrandt Van Rijn.

PORTRAIT D'HOMME

En buste, vu de face, il porte toute sa barbe et est vêtu d'étoffe brune ; ses épaules sont couvertes d'un manteau fourré et il a sur la tête un bonnet fourré.

Rembrandt a peint ce même modèle, qui a été plusieurs fois répété dans l'école d'une manière presque identique.

Bois. — Hauteur, 0^m,205 : largeur, 0^m,17.

GELDER

(AART DE)

Né en 1645 à Dordrecht, où il mourut en 1727. — Élève de Samuel Van Hoogstraten et de Rembrandt Van Rijn.

DIGNITAIRE OTTOMAN

La tête, coiffée d'un ample turban, est tournée vers la droite; il est vu de trois quarts. Le caractère de sa figure expressive est encore relevé par sa chevelure, sa grande barbe et ses longues moustaches grises. Il est vêtu d'une pelisse garnie de fourrure, sur laquelle retombe un médaillon pendu à une chaîne d'or.

Bois. — Hauteur, 0^m,82; largeur, 0^m,68.

GELDER

(AART DE)

CHEF MUSULMAN

Sa figure est vue de trois quarts, tournée vers la gauche et vivement éclairée. Il porte un riche turban garni de fourrure ; sa chevelure, sa longue barbe et ses moustaches grises tempèrent l'expression énergique de sa physionomie. Il porte une cuirasse sur laquelle est jeté un manteau retenu sur l'épaule par une agrafe.

Ce tableau fait pendant au précédent.

Toile.. — Hauteur, 0^m,82; largeur, 0^m, 68.

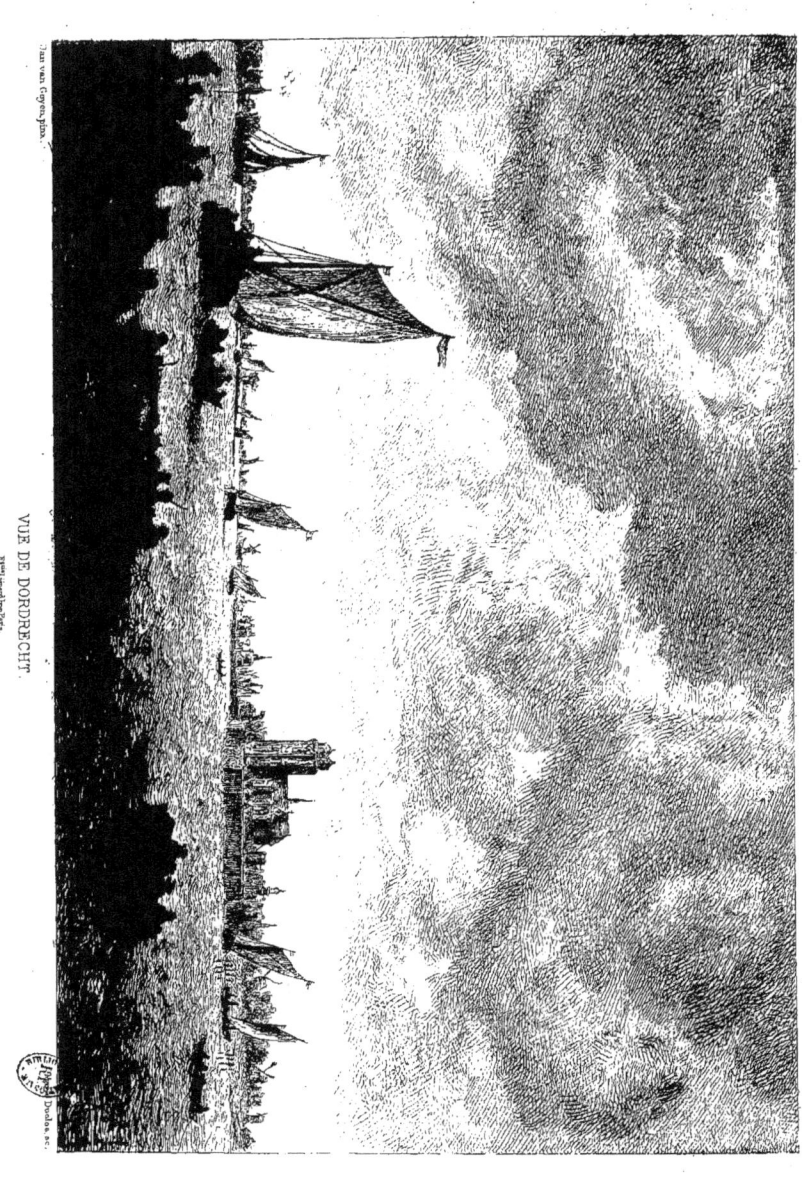

VUE DE DORDRECHT.

GOYEN (JAN VAN)
ET
CUYP (AALBERT)

Van Goyen, né à Leyde en 1596, mort à la Haye en 1666, eut pour maître Esaias Van de Velde.
Aalbert Cuyp, élève de son père, Jacob Gerritz Cuyp,
est né en 1605, à Dordrecht, et y mourut à la fin de 1691.

VUE DE DORDRECHT

La Meuse, dont les eaux clapotent sous un vent frais, est couverte de barques aux voiles déployées; au fond, à droite, se déroule la ville de Dordrecht, que domine la silhouette de la cathédrale; à perte de vue, à l'horizon, des moulins à vent et des villages. Trois bateaux venant de Dordrecht traversent le fleuve; l'un d'eux, chargé de bestiaux, aborde la rive opposée, sur laquelle se trouvent deux campagnards, deux paysannes et un chien. Sur ce bateau, Van Goyen a signé deux fois : la première, lorsqu'il avait traité cette toile en esquisse, comme beaucoup de ses tableaux; la seconde, après l'avoir reprise plusieurs années après et l'avoir terminée comme une œuvre de prédilection. Près de l'endroit où aborde le bateau, on lit la signature d'Albert Cuyp, qui passe pour avoir ajouté des figures à ce tableau capital du maître.

Gravé par Mlle Marie Duclos.
Collection de la comtesse de Robiano.

Toile. — Hauteur, 0^m,95; argeur, 1^m,46.

HALS

(DIRK)

Né à Harlem, date inconnue, où il mourut en 1656. — Élève d'Abraham Blœmaert.

FESTIN CHAMPÊTRE

Dans le jardin d'un château entouré d'arbres qui occupent l'arrière-plan, deux jeunes seigneurs sont assis avec deux jeunes femmes; une troisième a près d'elle un vieux barbon à la face enluminée; il soulève un grand verre de vin de la main droite et semble adresser à sa compagne des propos légers; une pipe est passée dans son large feutre; derrière eux un homme debout joue du violon et les regarde en riant; une robuste servante rit à belles dents; un valet apporte un plat monté; à droite, dans le jardin, trois groupes de seigneurs et de dames. Au premier plan, un chien blanc est couché près de la table; des vases et de la vaisselle gisent sur l'herbe à côté d'un seau à rafraîchir dans lequel se trouvent un flacon de vin blanc et un flacon de vin rouge.

Collection Lans.

Signé en toutes lettres sur le seau à rafraîchir.

DIALS

Bois. — Hauteur 0^m,69; largeur 0^m,77.

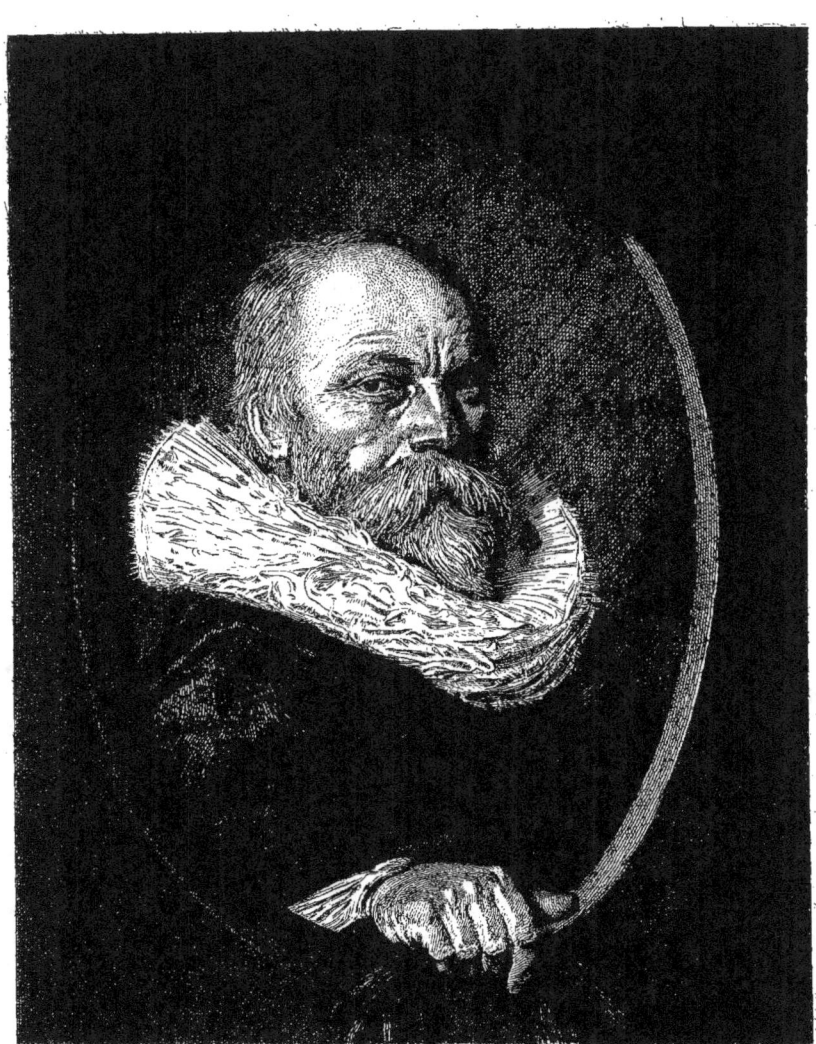

PORTRAIT DE SCRIVERIUS.

HALS

(FRANS)

Né à Anvers vers 1584, mort à Harlem le 29 août 1666. — Elève de Karel Van Mander.

PORTRAIT DE SCRIVERIUS

Dans un médaillon ovale tracé par le peintre, P. Schryver, dit Scriverius, est représenté en buste, de trois quarts, tourné vers la droite ; il a le front chauve, les cheveux grisonnants, et porte toute sa barbe. Il est vêtu de noir avec une grande fraise blanche. Sa main droite, qui tient un gant noir, sort du cadre de l'ovale sur lequel on lit la signature et la date.

L'âge du modèle est inscrit à droite dans le fond olivâtre sur lequel se détache la tête.

Gravé par Adrien Didier.

A° ÆTAT. 50
FF 1626

Bois. — Hauteur, 0^m,21 ; largeur, 0^m,16.

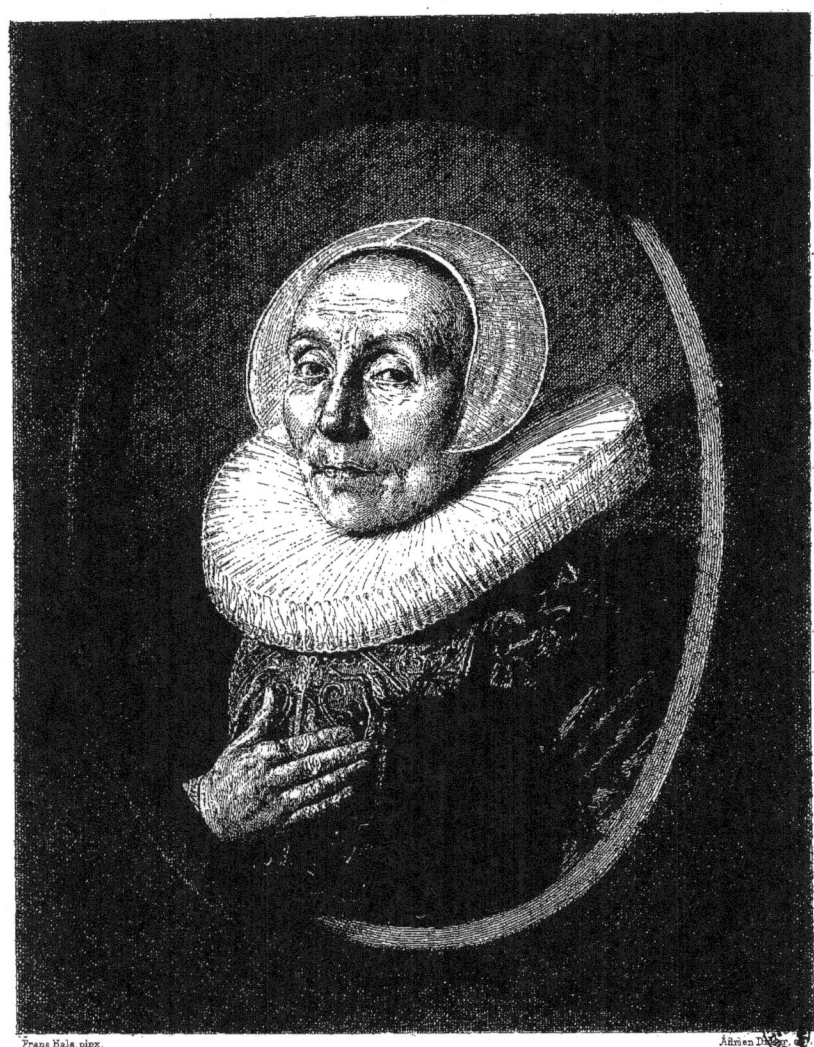

LA FEMME DE SCRIVERIUS.

HALS

(FRANS)

PORTRAIT DE LA FEMME DE SCRIVERIUS

Pendant du précédent.

La femme du célèbre érudit qui naquit à Harlem en 1576 et mourut en 1660, après s'être signalé comme historien, comme poëte et comme philologue, est également représentée en buste dans un ovale. Elle est vue presque de face, la tête tournée vers la gauche, la main droite sur la poitrine; elle est vêtue de noir avec corsage brodé d'or, fraise et béguin blancs.

L'âge du modèle est inscrit à gauche dans le fond olivâtre.

Gravé par Adrien Didier.   Signé et daté sur l'ovale.

Aᶜ ÆTAT
50
FF 1626

Bois. — Hauteur, 0ᵐ,21 ; largeur, 0ᵐ,16.

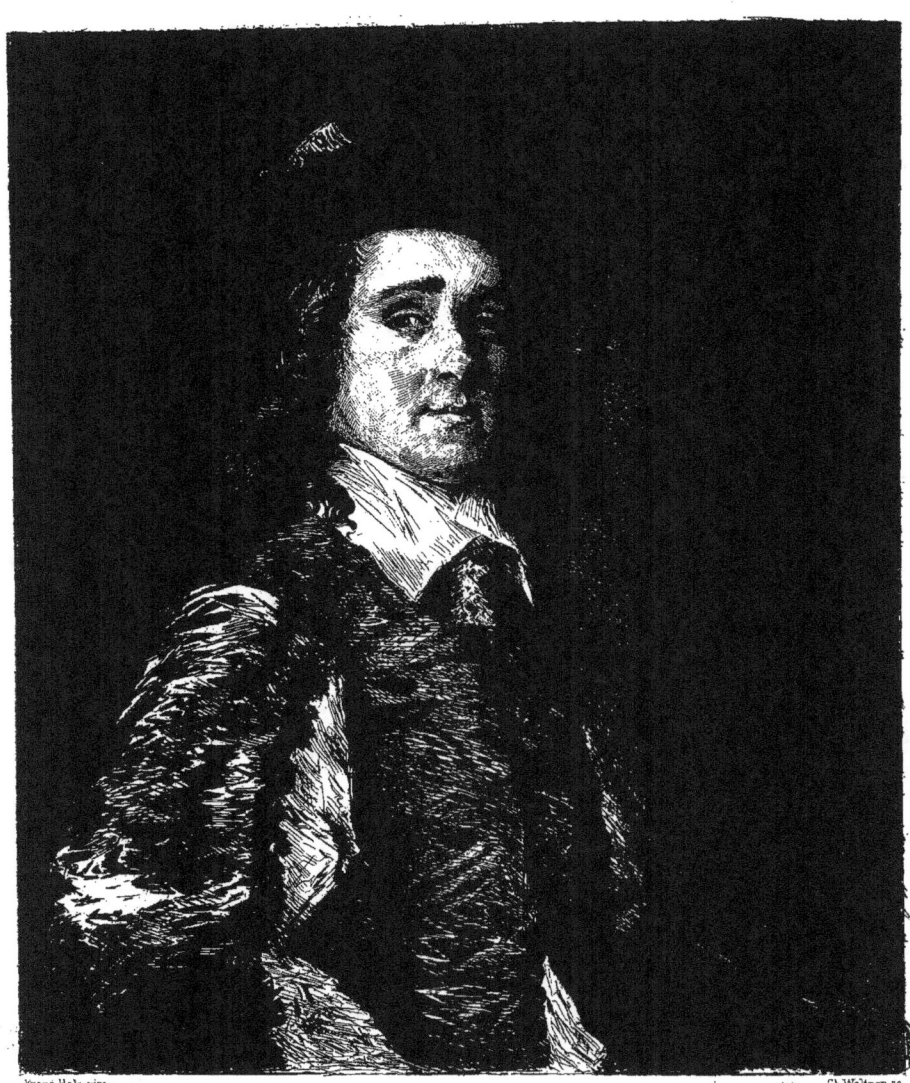

JASPER SCHADE VAN WESTRUM.

HALS
(FRANS)

PORTRAIT D'UN MEMBRE DE LA FAMILLE
SCHADE VAN WESTRUM

Debout, à mi-corps, de grandeur naturelle, de trois quarts, la tête tournée vers la droite, il est jeune, élégant, il a le regard et le sourire vainqueurs; ses cheveux, bouclés, retombent sur un vêtement de soie à reflets changeants, sur lequel est rabattu un col blanc. Sur la tête, un chapeau de feutre orné de deux nœuds de rubans.

Tout le portrait est tenu dans une gamme olivâtre.

Le cadre porte la date de 1645, et est surmonté des armoiries des Schade van Westrum, *portant de sable à la fasce d'or, avec deux lions au naturel pour supports.* A l'entour, les blasons des familles alliées, Knischot, Winssen, Schade Van Westrum, Boelen, Van Zuylen, Van Nyvelt et Pijll. — Toutes les recherches relatives aux deux premiers blasons placés au haut du cadre, à gauche, sont restées sans résultat.

On suppose que ce portrait est celui de Jasper Schade Van Westrum, seigneur de Tull et t'Waell, chanoine de Oudmunster (Utrecht) en 1642 et doyen en 1666, conseiller élu en 1649, année de son mariage avec Cornelia Streck Van Linschot, président des États et de la Cour provinciale d'Utrecht, mort le 25 octobre 1692, enterré dans la *Buurkerk* avec huit quartiers :

Schade	Knischot
Deys	Pijl
Zuylen Van Nyvelt	Roep
Winsen	Boelen

Ces détails sont extraits d'une note manuscrite de Spaen, conservée au Conseil héraldique à La Haye, mais comme cette même note fixe la naissance de Jasper au 12 août 1633, on en a conclu que Frans Hals n'avait pu le peindre à l'âge qu'a le personnage du portrait, en 1645, date qui se trouve sur le cartel du temps incrusté dans le cadre. Cette conclusion nous semble erronée; nous croyons, au contraire, que c'est bien Jasper Schade qu'a peint Hals, et non un autre membre de la famille Van Westrum. La date de 1633, écrite par Spaen, ne peut être qu'un *lapsus calami;* il faut probablement lire 1623, car il est impossible que Jasper ait été chanoine de Oudmunster à l'âge de neuf ans, ou conseiller à seize ans; il est tout aussi douteux qu'il se soit marié à seize ans.

Gravé par Charles Waltner.

Toile. — Hauteur, 0^m,74; largeur, 0^m,66.

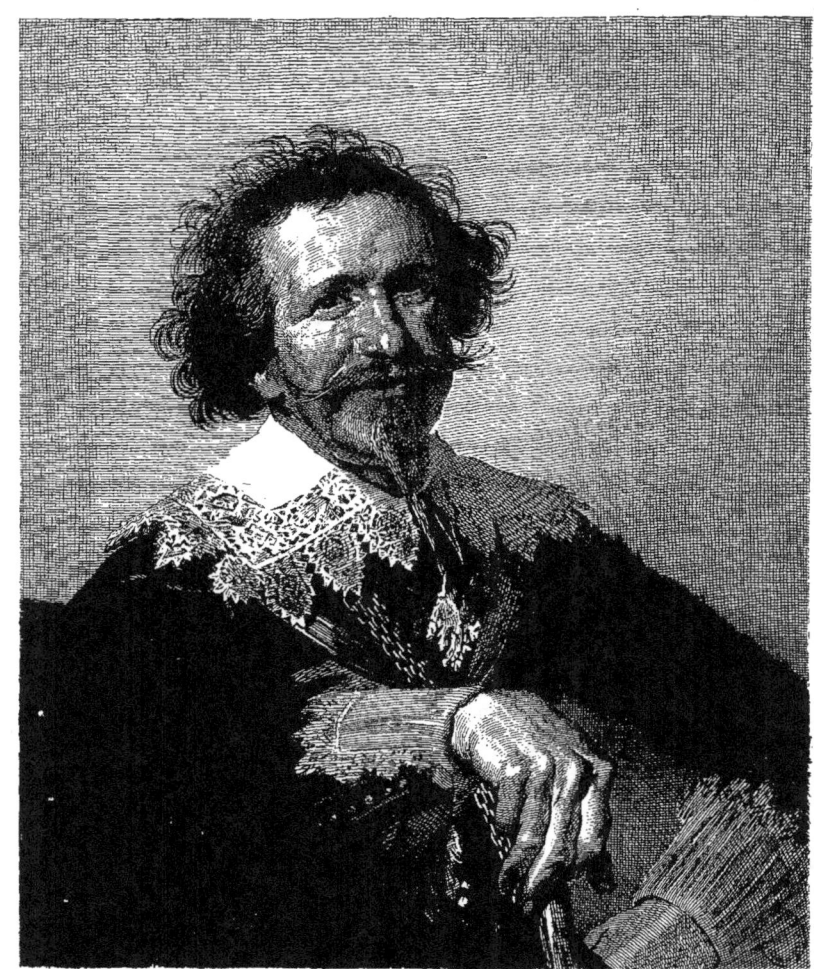

L'HOMME À LA CANNE.

HALS

(FRANS)

L'HOMME A LA CANNE

Il est assis sur une chaise à clous dorés, la main droite appuyée sur une canne, la gauche relevée sur la hanche.

Vêtement noir avec agréments olive et boutons d'or aux parements; manchettes et collerette en guipure, à grandes dents; chaîne d'or. Haut en couleur, les cheveux bouclés, les yeux petillants, les moustaches crânement retroussées, la barbiche en pointe.

On dirait un de ces officiers de gardes bourgeoises que Hals a si superbement peints dans ses grandes toiles civiques de Harlem.

Fond clair.

Gravé par Léopold Flameng.

Toile. — Hauteur, 0^m,66; largeur, 0^m,54.

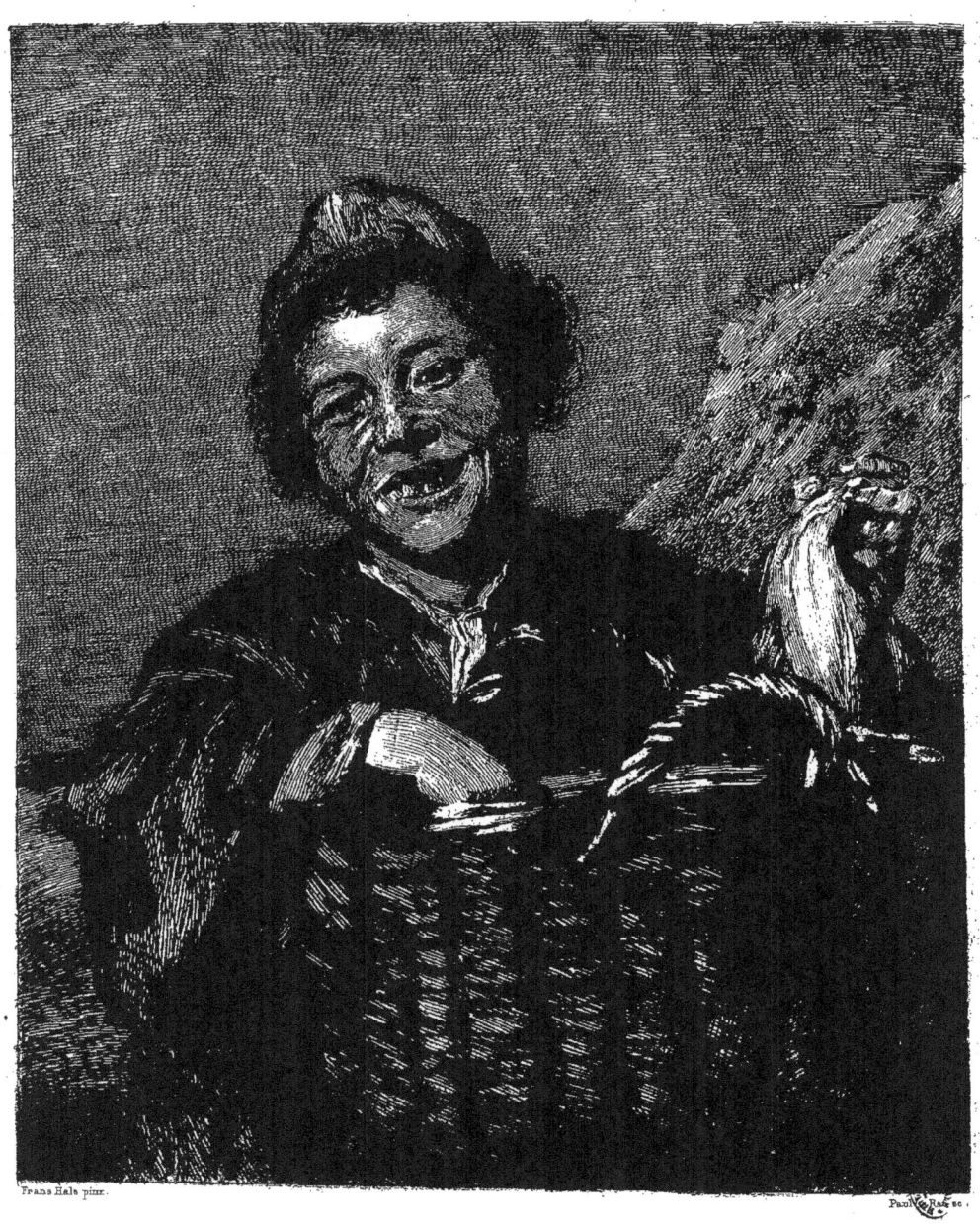

JEUNE PÊCHEUR DE SCHEVENINGUE.

HALS

(FRANS)

JEUNE PÊCHEUR DE SCHEVENINGUE

Un bonnet rouge sur la tête, les cheveux bouclés, la bouche entr'ouverte laissant voir ses dents cassées, il fait valoir joyeusement sa marchandise qui est devant lui dans un grand panier où plonge sa main droite. De la main gauche il tient un poisson.

Au fond, à droite, les dunes.

Ciel sombre, chargé de pluie.

Gravé par Paul Le Rat. Signé du monogramme, au bas, à gauche.

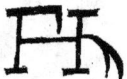

Toile. — Hauteur, 0^m,74; largeur, 0^m,58.

HEEM

(JEAN-DAVIDSZ DE)

Né à Utrecht en 1600, mort à Anvers en 1674. — Elève de son père David De Heem.

VANITAS

Les objets les plus divers sont posés sur le sol : un crâne entouré de lierre, une flûte, un rouleau de papier, une montre, un registre ouvert relié en parchemin, un autre sur lequel se lit le mot : *Rekeuingh,* une Bible, une bouteille avec cette inscription : *Aqua Vita,* des éperons, du maïs, des roses, des pavots, des épis de blé, des cerises, un navet, un gland, un coquillage, etc.

Un rideau vert à demi-relevé laisse apercevoir la ville d'Anvers et sa cathédrale, dans un paysage au fond duquel on distingue un calvaire sur une colline.

Collection Leembrugge.

Signé en toutes lettres sur la page ouverte et cornée du registre.

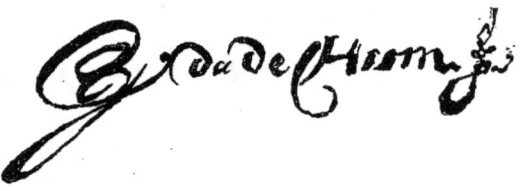

Toile. — Hauteur, 0^m,855 : largeur, 1^m,15.

HEYDEN (JAN VAN DER)

ET

VELDE (ADRIAAN VAN DE)

Van der Heyden, dont le maître est inconnu, naquit à Gorcum en 1637, et mourut
en 1712, à Amsterdam où est né et mort (1639-1672)
Adriaan Van de Velde, l'élève de Jan Wynants.

LE RETOUR DE LA CHASSE

Deux cavaliers que suivent un fauconnier et deux chiens et que précèdent deux valets de chasse avec leurs limiers, traversent un gué près d'un groupe d'arbres à gauche, et vont gravir la route qui conduit à un vaste château qui occupe tout le milieu du tableau. Au pied du manoir, un troupeau de moutons et une vache dans l'ombre; à droite, une route sur laquelle s'avance un colporteur, qu'un chien précède en courant, et à l'arrière-plan, la campagne semée de bouquets d'arbres et baignée par une rivière.

Les figures sont d'Adriaan Van de Velde.

Signé en abrégé par Van der Heyden, au bas, à gauche, sur le sol.

Bois. — Hauteur, 0^m,49; largeur, 0^m,62.

HOBBEMA

(MEINDERT)

Né à Amsterdam en 1638, il y mourut en 1709. Il fut l'ami et probablement l'élève de Jacob Van Ruysdael qui assista, en qualité de témoin, à son mariage le 2 octobre 1668.

LA MAISON DE CAMPAGNE

On la voit sur la droite, à l'extrémité d'un parterre uniformément divisé en plates-bandes et orné de statues. Le jardin est bordé d'une rangée d'arbres, le long d'un chemin qui suit un cours d'eau ; du côté opposé, une grande route ; un cavalier interroge un paysan ; plus loin, un carrosse traîné par deux chevaux gris ; d'autres figures animent la scène ; elles sont dues au pinceau de Nicolaas de Helt-Stokade, né à Nimègue en 1614 et qui mourut en 1669.

Collections de Lanjac, 1808 ; Chevalier Erard, 1832 ; Tardieu, 1841 ; comte de Morny, Piérard et Pereire.

Smith, *Catalogue raisonné*, tome VI, page 123, n° 30.

Signé en toutes lettres, dans l'eau, vers la droite.

Toile. — Hauteur, 0^m,97 ; largeur, 1^m,22.

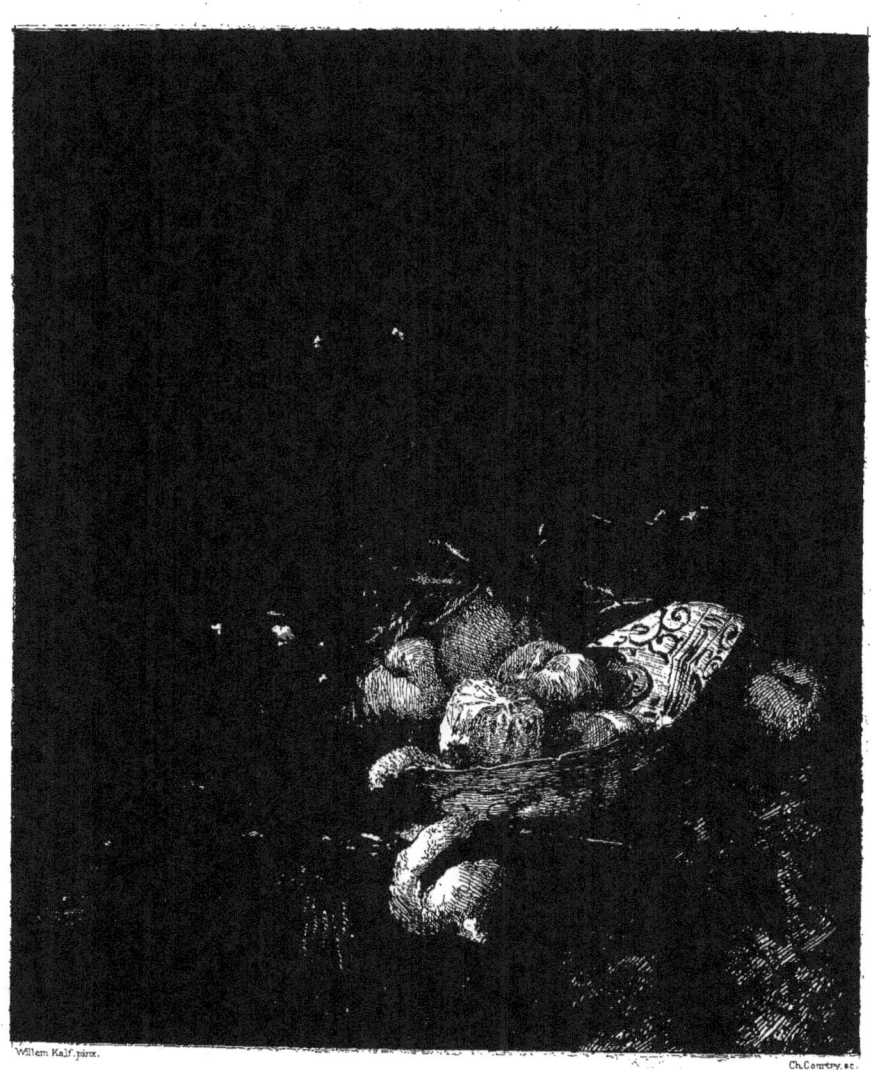

LE PLAT DE DELFT.

KALF

(WILLEM)

Né à Amsterdam, date inconnue, mort dans la même ville en 1693. — Élève de Hendrik Por.

LE PLAT DE DELFT

Sur une table de marbre, en partie recouverte par un tapis de Turquie, est posé un plateau d'argent dans lequel sont un couteau à manche d'agate et un grand plat de Delft contenant quatre pêches, une orange et un citron dont le zeste coupé retombe sur le plateau. Derrière, une grande coupe en or dont le couvercle est sur la table, un long verre de vin rouge et une coupe de vin du Rhin. Sur le tapis, une pêche.

Gravé par Auguste Lançon.

Toile. — Hauteur, 0^m,68; largeur, 0^m,56.

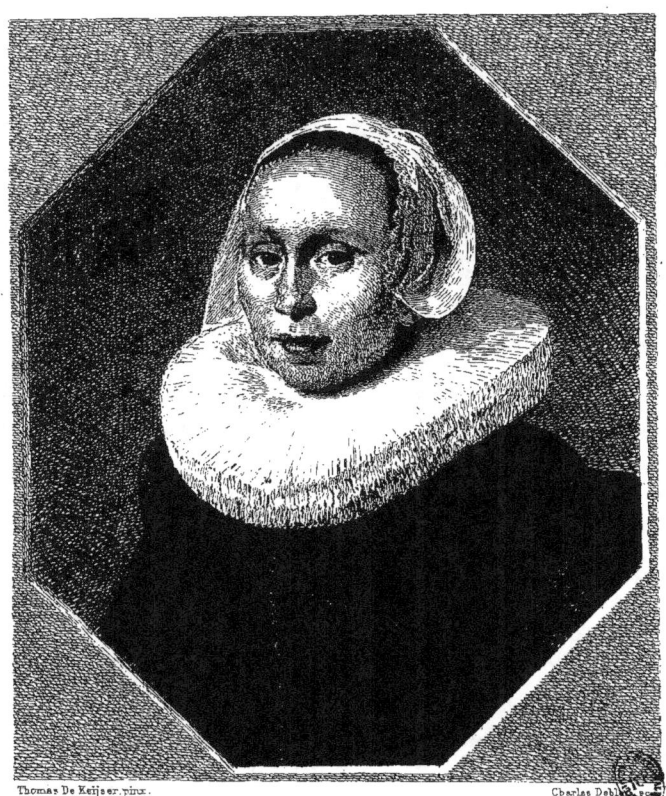

Thomas De Keijser, pinx.   Charles Debl...

PORTRAIT DE JEUNE FEMME.

KEIJSER

(THOMAS DE)

Né à Amsterdam en 1595, il y mourut en 1660. — On ignore de qui il fut l'élève.

PORTRAIT DE JEUNE FEMME

En buste, vue de face, tournée vers la gauche, une grande fraise tuyautée autour du cou, elle est vêtue de noir; le corsage est fermé par une rangée de boutons d'or; un bonnet blanc cache presque entièrement sa chevelure et encadre son visage, qui rayonne de jeunesse et de santé.

Gravé par Charles Deblois.

Dans le fond, à gauche, à la hauteur du front, le monogramme, la date et l'âge du modèle.

MM. Scheltema et Vosmaer ont constaté par tous les actes et les pièces du temps qu'ils ont trouvés dans les archives, que De Keijser s'appelait Thomas et non Theodorus, comme on l'avait cru jusqu'ici.

🅴, ANNO 1632.
ÆTA^s SVÆ 32.

Bois coupé aux quatre angles — Hauteur, 0^m,31; largeur, 0^m,27.

KEIJSER

(THOMAS DE)

PORTRAITS D'HOMME ET DE FEMME

Ils sont tous deux vêtus de noir, le mari est debout tenant des gants de la main gauche. Assise à droite dans un fauteuil, sa femme tourne les feuillets d'un livre posé sur une table recouverte d'un tapis.

Un paysage, dans un cadre noir, est accroché à droite, à la muraille.

Bois. — Hauteur, 0^m,94; largeur, 0^m,73.

KOETS

(ROELOF)

Né à Zwolle en 1655, il y mourut en 1725. — Élève de Gérard Terburg.

LE BOURGMESTRE DE ZWOLLE

Il est debout, la main gauche sur le dossier d'un fauteuil; il a le chapeau de feutre sur la tête; il est entièrement vêtu de noir; ses cheveux bouclés retombent sur ses épaules.

A droite, une table avec tapis de velours rouge et une draperie rougeâtre, relevée au premier plan.

Toile. — Hauteur, 0^m,67; largeur, 0^m,51.

KOETS

(ROELOF)

LA FEMME DU BOURGMESTRE DE ZWOLLE

Pendant du précédent.

Elle est vue en pied, debout, la main gauche appuyée sur une table recouverte d'un tapis rouge; de la main droite elle relève légèrement sa jupe.

A gauche, une draperie rougeâtre dont les plis retombent sur la table.

Toile. — Hauteur, 0^m,67 ; largeur, 0^m,51.

KONINCK

(SALOMON)

Né à Amsterdam en 1609; on croit qu'il y mourut entre 1663 et 1670. — Élève de Nicolas Moijaert.

L'ÉTUDE

Assis devant une table où il écrit dans un in-folio posé sur un pupitre, un vieux savant vient d'interrompre son travail; ses traits expressifs indiquent qu'il réfléchit. Sa grande barbe blanche et sa figure vivement éclairées se détachent sur la couleur sombre de son vêtement de velours brun. Une toque de velours complète son costume. Sur la table, près du pupitre, deux livres et une écritoire.

Traité dans la manière de Rembrandt.

Bois cintré par le haut. — Hauteur, 0^m,71; largeur, 0^m,60.

KONINCK

(SALOMON)

L'AVARE

Dans un appartement éclairé à gauche par une fenêtre cintrée, devant une table qui supporte des livres, un sablier, des pièces de monnaie, est assise dans un fauteuil une vieille femme vêtue d'un manteau et d'une capeline en velours marron. Le corps incliné en avant, la perspicacité de ses yeux doublée par ses besicles, la vieille avare examine et compte avec soin les pièces de monnaie qu'elle fait passer d'une main dans l'autre.

Ce tableau fait pendant au précédent.

Signé en toutes lettres, du côté droit, vers le milieu, et daté.

S KONINCK.
1649.

Bois cintré par le haut. — Hauteur, 0^m,71 ; largeur, 0^m,60.

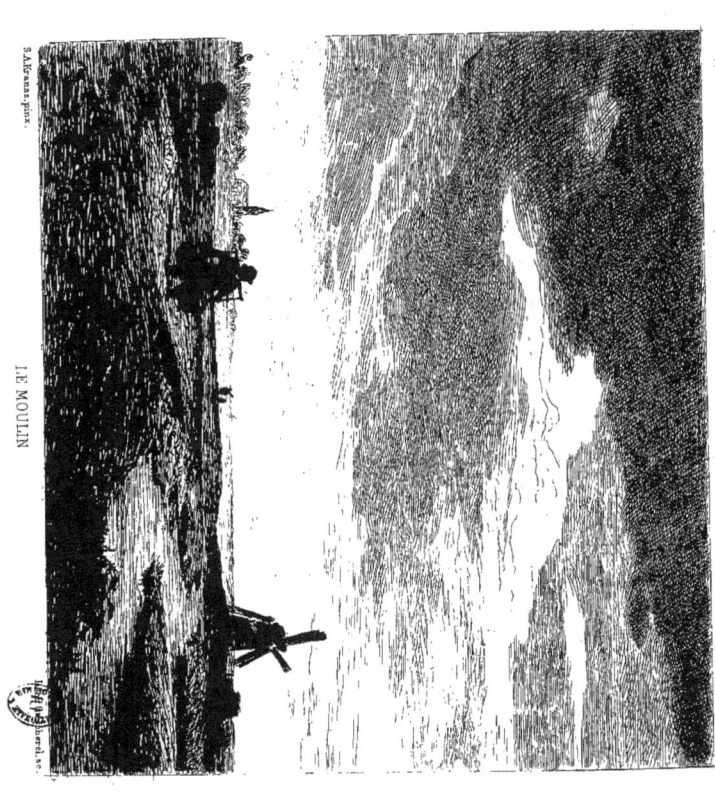

LE MOULIN

KRAUSZ

(SIMON-ANDRÉ)

Né en 1760 à La Haye, où il mourut en 1825. — Élève de Léonard De France.

LE MOULIN

Au bord d'un cours d'eau qui traverse un vaste pâturage, s'élève un moulin à vent.
Un paysan revient de traire des vaches que l'on aperçoit sur la gauche.
A l'horizon, le clocher d'un village.
Ciel zébré de nuages chargés de pluie.

Gravé par Léon Gaucherel.   Signé en toutes lettres au premier plan vers la droite.

SAKrausz.

Bois. — Hauteur, 0^m,14; largeur, 0^m,155.

MAAS

(NICOLAAS)

Né à Dordrecht en 1632, mort à Amsterdam en 1693. — Élève de Rembrandt Van Rijn.

PORTRAIT D'HOMME

En buste, de trois quarts, tourné vers la droite, vêtu de noir, avec rabat de dentelle blanche; ses cheveux châtains retombent sur ses épaules.

Signé en toutes lettres dans le fond, à droite, et daté.

Cette signature est orthographiée Maes ; c'est celle des nombreux portraits de ce maître; les tableaux de genre, qui sont d'une exécution si différente des portraits, sont ordinairement signés Maas, comme la *Rêveuse* du Musée d'Amsterdam ; il est probable que les patientes recherches qui se poursuivent dans les archives finiront par démontrer qu'il s'agit de deux peintres différents et que le peintre de genre et le portraitiste n'ont de commun qu'une similitude de nom.

N MAES: 1670

Bois ovale. — Hauteur, 0m,36 ; largeur, 0m,27.

MAAS

(NICOLAAS)

PORTRAIT DE FEMME

En buste, presque de face, tournée vers la gauche, elle est vêtue de noir avec des bijoux au corsage et aux épaules et un collier de perles au cou. Ses cheveux blonds sont coiffés à la Sévigné. Une écharpe noire flotte sur les manches blanches qui sortent de sa robe noire.

Bois ovale. — Hauteur, 0^m,34; largeur, 0^m,27.

MIERIS

(WILLEM VAN)

Né en 1662 à Leyde, où il mourut en 1747. — Élève de son père Frans Van Mieris.

PORTRAIT D'HOMME

Vêtu de brun, rabat blanc, cheveux longs et bouclés, il est vu de face en buste.

On lit dans le fond à droite l'âge du personnage, et au-dessus de la tête se trouvent la signature et la date.

Ce portrait provient de la collection de MM. Pereire, où il était catalogué comme étant le portrait du peintre, mais c'est là une erreur manifeste. Willem Van Mieris est né en 1662, la peinture qui nous occupe est datée de 1687, et l'âge du modèle est cinquante-trois ans.

Bois ovale. — Hauteur, 0^m,15; largeur, 0^m,11.

MOLENAAR

(JOHANNES)

Né à Harlem, on ignore en quelle année; il y est mort en 1685.

LE JOYEUX REPAS

A gauche et au fond, des paysans sont attablés et chantent dans une salle d'auberge. D'autres dansent, à droite, au son du violon.

Signé en toutes lettres sur le banc, au premier plan, vers la gauche.

Molenaer

Bois. — Hauteur, 0^m,36; largeur, 0^m,32.

MOLENAAR

(JAN MIENSE)

Né à Harlem, date inconnue, et mort dans cette ville en septembre 1668. — On ignore de qui il fut l'élève.

LE ROI BOIT!

Au premier plan, à gauche, le roi, coiffé d'une couronne de papier, boit aux applaudissements de quatre paysans attablés dont l'un bourre une pipe; en face du roi, vers la droite, une vieille femme ayant auprès d'elle un chien, non loin d'un hibou perché sur un escabeau. Au fond, un paysan descend un escalier en criant, et un autre est accroupi au dernier plan.

Bois. — Hauteur, 0^m,39; largeur, 0^m,50.

MONI

(LOUIS DE)

Né à Breda en 1698, mort à Leyde en 1771. — Élève de Van Kessel, Jan Baptist Biset et de Philip Van Dijk.

MARCHANDE DE POISSONS

Elle est assise sur une chaise, des paniers sont devant elle; de la main droite, elle tient du poisson séché qu'elle semble recommander à un chaland.

A sa droite, on voit des crevettes et un balai.

Derrière elle, une habitation rustique le long de laquelle court un cep de vigne. Une affiche indique la profession de la marchande.

Au fond, sous des arbres, un paysan disparaît en poussant une brouette.

Signé du monogramme sur le panier à droite.

L M

Bois. — Hauteur, 0^m,36; largeur, 0^m,31.

MOREELSE

(PAULUS)

Né en 1571 à Utrecht, où il est mort en 1638. — Élève de Michiel Miereveld.

PORTRAIT DE GUILBERDT PZ. VAN HERNESS

Assis dans un fauteuil, il est vu à mi-corps, vêtu de noir, de trois quarts, la tête tournée vers la droite; la main gauche, posée sur un tapis qui recouvre une table, tient une lettre avec l'adresse du personnage à Amsterdam.

Toile. — Hauteur, 1^m,20; largeur, 0^m,97.

MOREELSE

(PAULUS)

PORTRAIT DE DAME GUILBERDT PZ. VAN HERNESS

Pendant du précédent.

Elle est vue jusqu'aux genoux, la tête tournée vers la gauche, assise dans un fauteuil, sur le bras duquel repose sa main droite ; la gauche tient un mouchoir ; elle est vêtue de noir, avec bonnet, grande collerette et manchettes blancs.

A gauche, sur une table recouverte d'un tapis d'Orient, un bouquet de roses.

Toile. — Hauteur, 1^m,20 ; largeur, 0^m,97.

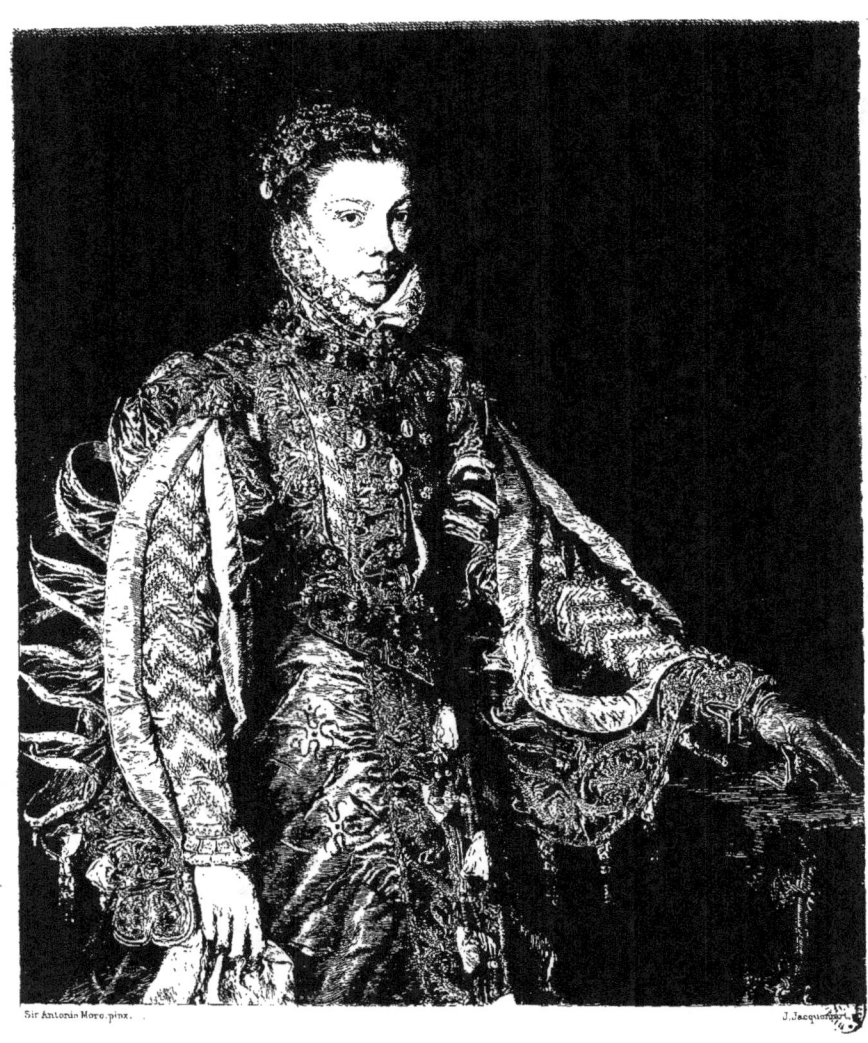

Sir Antonio Moro. pinx. J. Jacquot

ÉLISABETH DE VALOIS, REINE D'ESPAGNE.

MOR, dit ANTONIO MORO

(ANTHONIE DE)

Né à Utrecht en 1512, mort à Anvers en 1581. — Élève de Jan Schoorl.

ÉLISABETH DE VALOIS, REINE D'ESPAGNE

La fille de Henri II est debout, vue jusqu'aux genoux, la main gauche appuyée sur une table recouverte d'un tapis vert, le bras droit tombant le long de sa robe.

Elle est vêtue d'un riche costume rose, dont le corsage est enrichi de pierreries et de perles, et à travers les crevés duquel on aperçoit une robe blanche.

Les manches, larges et ouvertes, laissent voir d'autres manches en soie blanche brodée d'or.

Des pierreries et des perles ornent ses cheveux.

Collection Davenport Bromley

Gravé par Jules Jacquemart.

Toile. — Hauteur, 1^m,05; largeur, 0^m,71.

MIJTENS LE JEUNE

(AART)

Né à Bruxelles en 1612, suivant le catalogue du musée d'Amsterdam ; il mourut probablement à La Haye, où on croit qu'il a résidé pendant plus de quarante ans.
Élève de A. Van Opstal et de N. Van Der Horst.

PORTRAIT DE VIEILLE FEMME

Elle est vue presque de face, coiffée d'un bonnet blanc, vêtue d'une robe de soie noire brochée et d'une large collerette tuyautée sur deux rangs. Assise dans un fauteuil, elle tient de la main droite son livre d'heures, et de la gauche ses besicles.

Signé du monogramme, en haut, dans le coin gauche.

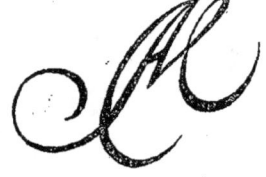

Bois. — Hauteur, 0^m,71 ; largeur, 0^m,55.

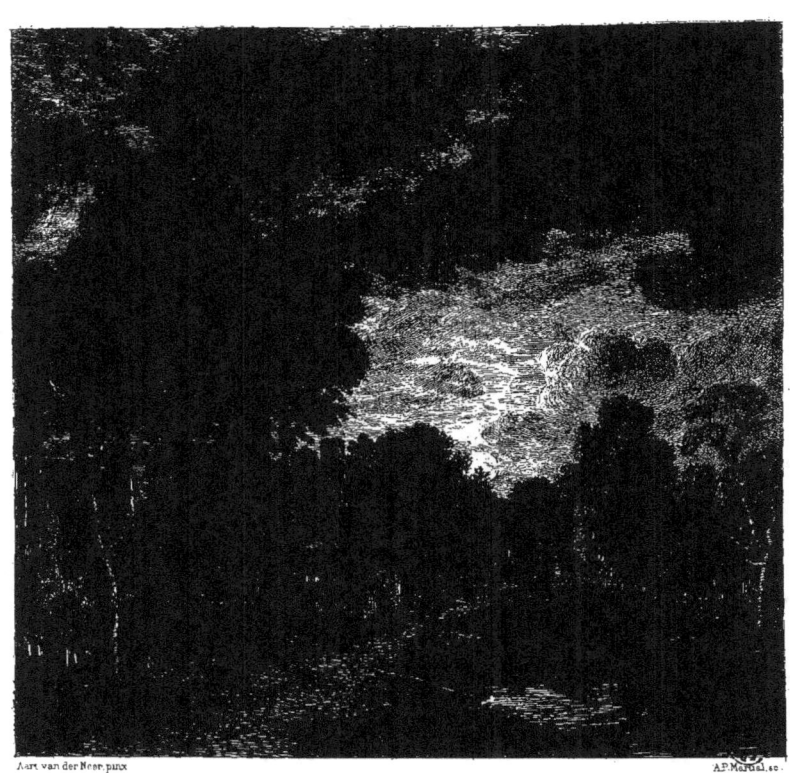

Aart van der Neer, pinx.   A.P.Martial, sc.

CLAIR DE LUNE.

A Baillet, Imp Paris

NEER

(AART VAN DER)

Né en 1619 à Amsterdam, où il mourut en 1683. — On ne connaît point son maître.

CLAIR DE LUNE

La lune se lève, sur un ciel chargé d'épais nuages. A droite, un moulin à eau et des habitations que longe une rivière; à gauche, d'autres demeures rustiques au milieu de grands bouquets d'arbres. Au premier plan, à gauche, un paysan et un chien.

Gravé par A.-P. Martial.

Signé du monogramme, à droite.

Toile. — Hauteur, 0^m,59; largeur, 0^m,61.

POEL

(EGBERT VAN DER)

Né à Rotterdam, où il mourut en 1690. — On ne connaît ni la date de sa naissance, ni le nom de son maître.

INTÉRIEUR RUSTIQUE

Une ménagère est assise au milieu d'une chambre aux murs d'argile, occupée à plumer des canards. A gauche, par la porte ouverte, on aperçoit un bout de paysage; un vieux campagnard, vêtu de rouge, entre en s'appuyant sur une rampe en bois pour descendre des marches.

A droite, près de la paysanne, de nombreux accessoires de cuisine.

Bois. — Hauteur, 0^m,24; largeur, 0^m,27.

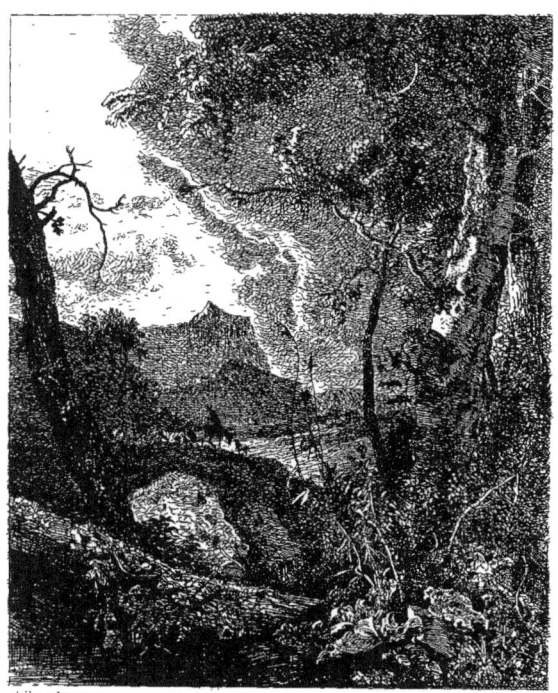

PAYSAGE D'ITALIE.

PYNACKER

(ADAM)

Né à Pynacker (Hollande méridionale) en 1621, mort en 1673. — Son maître est inconnu.

PAYSAGE D'ITALIE

A droite d'un terrain tourmenté et couvert d'arbres coupés, se dresse un hêtre dont le tronc est vivement éclairé par le soleil.

Des herbes touffues poussent à ses pieds, près d'une mare qui occupe le premier plan.

Au loin passe un troupeau que guide un pâtre monté sur un mulet.

Fond de montagnes.

Un ciel très-lumineux et qu'un gros nuage est près d'obscurcir, éclaire tout le paysage.

Collections du baron Nagel, 1795, et de M. Étienne Le Roy, 1870.

Gravé par Maxime Lalanne.

Smith, *Catalogue raisonné*, tome VI, page 292, n° 19.

Toile. — Hauteur, 0^m,91 ; largeur, 0^m,80.

ROKES, DIT SORGH

(HENDRIK MARTENSZ)

Né à Rotterdam en 1621, il y mourut en 1682. — Élève de David Teniers le jeune et de Willem Buytewech.

LA BONNE AVENTURE

A l'entrée d'une caverne au fond de laquelle sont accroupis un bohémien et une bohémienne, une jeune fille, tenant de la main gauche une houlette enguirlandée de fleurs, tend la main droite, dans laquelle est une pièce de monnaie, à une vieille devineresse qui lui dit la bonne aventure.

Collection Van de Wynpersse.

Bois. — Hauteur, 0^m,25; largeur 0^m,20.

RUYSDAEL

(JACOB VAN)

Né à Harlem en 1625, il y mourut, croit-on, en 1682. — On ne connaît point son maître.

LA GRANDE MARE

Elle occupe tout le premier plan du tableau; à gauche, elle est bordée de grands arbres penchés qu'elle reflète; à droite et à gauche, des chaumières; à l'arrière-plan, un paysan dans une barque traverse la mare.

Signé en toutes lettres et daté, au bas, dans l'eau, presque au milieu.

Ruysdael 1666

Bois. — Hauteur, 0^m,41; largeur, 0^m,54.

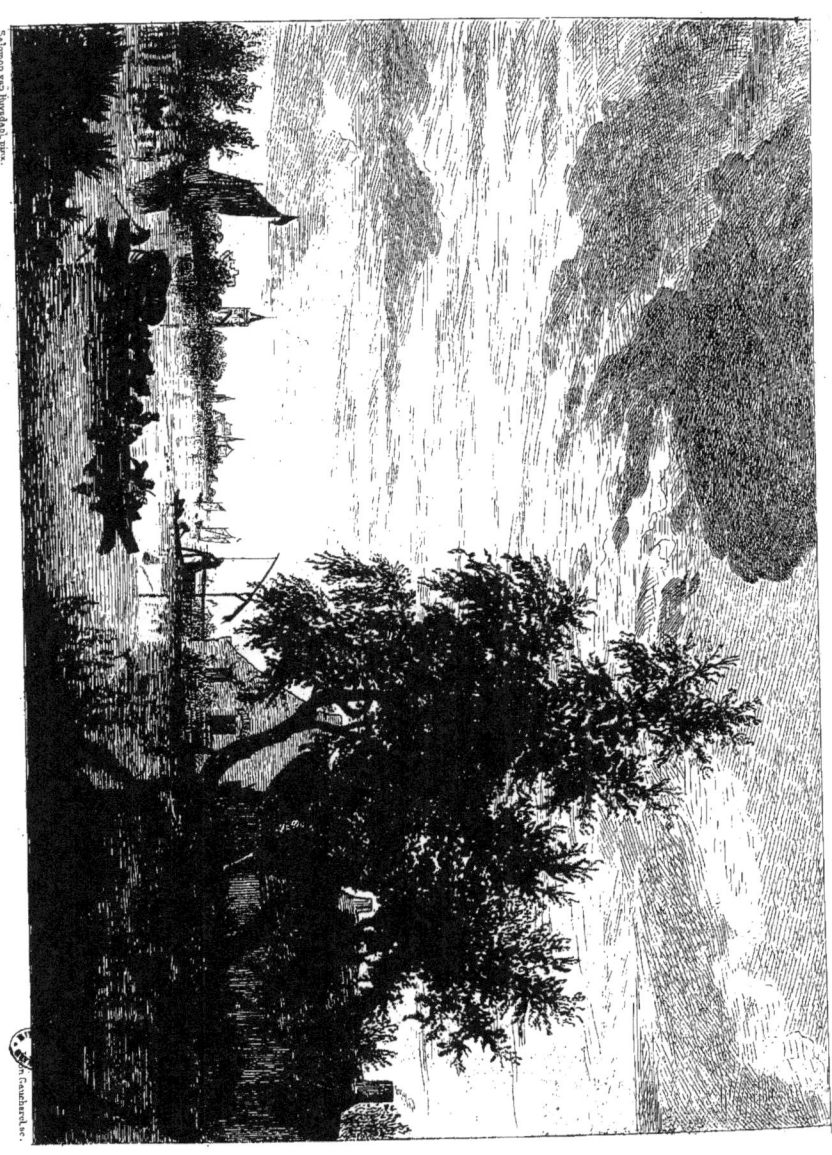

LE BAC.

RUYSDAEL

(SALOMON VAN)

Né à Harlem, date inconnue, il y est mort en 1670. — Élève de Jan Van Goyen.

LE BAC

Dans un bac, un carrosse à quatre chevaux et des voyageurs qui traversent la Meuse pour aborder à une vaste ferme qui s'élève à droite, sur le bord de l'autre rive; sur la rive gauche, on distingue les clochers de plusieurs églises. Deux grands arbustes d'une superbe tournure s'élèvent devant la ferme. La Meuse est sillonnée de barques aux voiles déployées.

Gravé par Léon Gaucherel.

Signé en toutes lettres et daté, sur le bac.

S Ruysdael. 1647

Toile. — Hauteur, 0^m,89; largeur, 1^m,30.

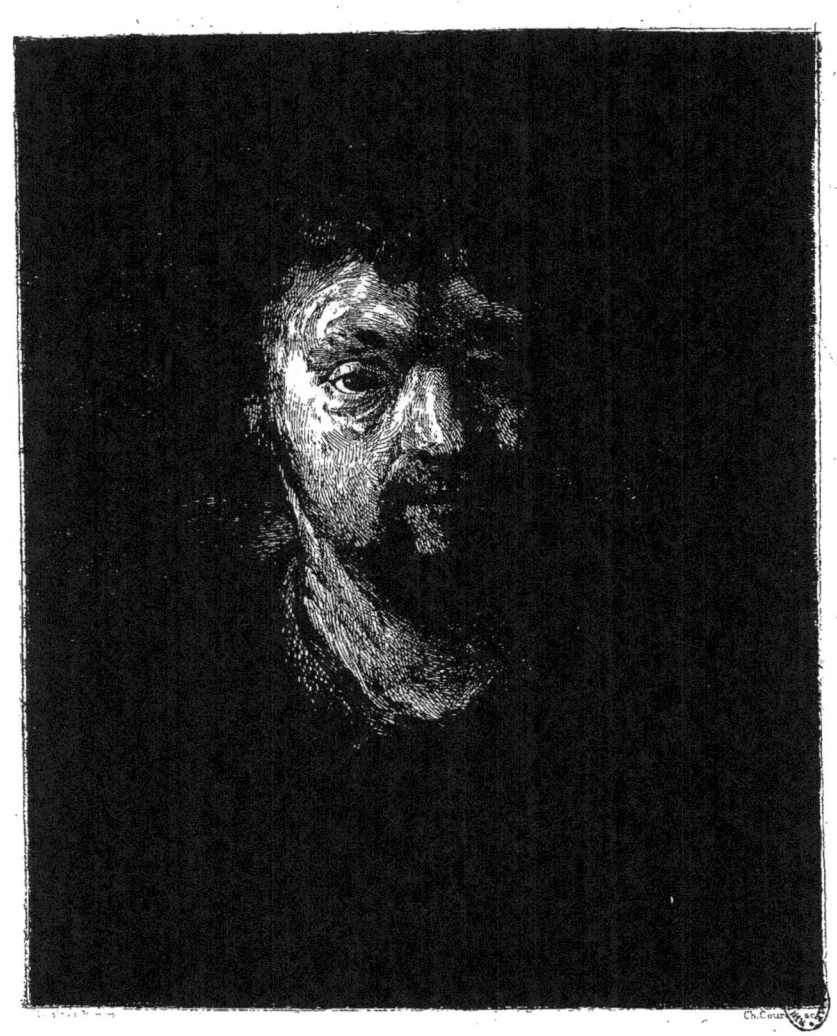

PORTRAIT D'HOMME.

RIJN, dit REMBRANDT

(REMBRANDT HARMENS VAN)

Né à Leyde en 1607 et mort à Amsterdam en 1669. — Élève de Jacob Isaakszoon Van Zwanenburg, de Pieter Lastman et de Jacob Pinas.

PORTRAIT D'HOMME

En buste, vu de face; le visage très-coloré; cheveux et barbe noirs; il est vêtu d'une robe brune.

Gravé par Charles Courtry.

Collection du marquis d'Aligre, dont le cachet est apposé au revers du panneau.

Bois. — Hauteur, 0^m,20; largeur, 0^m,16.

RIJN, dit REMBRANDT

(REMBRANDT HARMENS VAN)

LE GOLGOTHA

Sur un ciel désolé se profile la croix, sur laquelle le Christ vient de rendre le dernie soupir.

La tête s'affaisse sur le corps entièrement vu de profil.

Collection du palais de Varsovie sous Auguste, électeur de Saxe, roi de Pologne, qui fut le fondateur de la Galerie de Dresde.

Bois. — Hauteur, 0^m,34; largeur, 0^m,25.

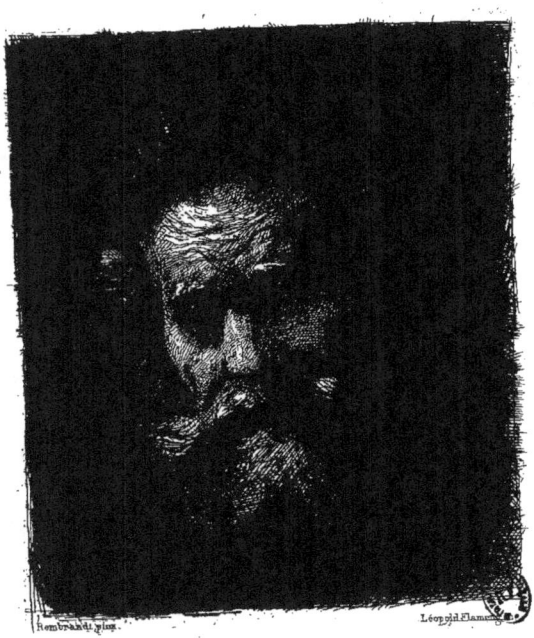

UN RABBIN.
Ch. Delâtre Imp. Paris

RIJN, dit REMBRANDT

(REMBRANDT HARMENS VAN)

UN RABBIN

Vu de face, en buste, la barrette brune sur la tête, une robe brune sur les épaules, il porte toute sa barbe ; — son regard est plein de méditation et de profondeur.

Gravé par Léopold Flameng.

Bois. — Hauteur, 0^m,23 ; largeur, 0^m,20.

SCHALCKEN

(GODFRIED)

Né à Dordrecht en 1643, mort à La Haye en 1706. — Élève de Samuel Van Hoogstraten et de Gérard Dov.

PORTRAIT DU POËTE VAN HEEMSKERK

En buste, presque de face, il a une calotte noire sur le sommet de la tête et une perruque brune dont les boucles retombent sur ses épaules.

Vêtement noir, rabat blanc.

Gravé par Bloteling.
Collection Vis Blokhuyzen.

Signé des initiales et daté, dans le fond, à droite.

G.S
1676

Bois ovale. — Hauteur, 0^m,10; largeur, 0^m,07.

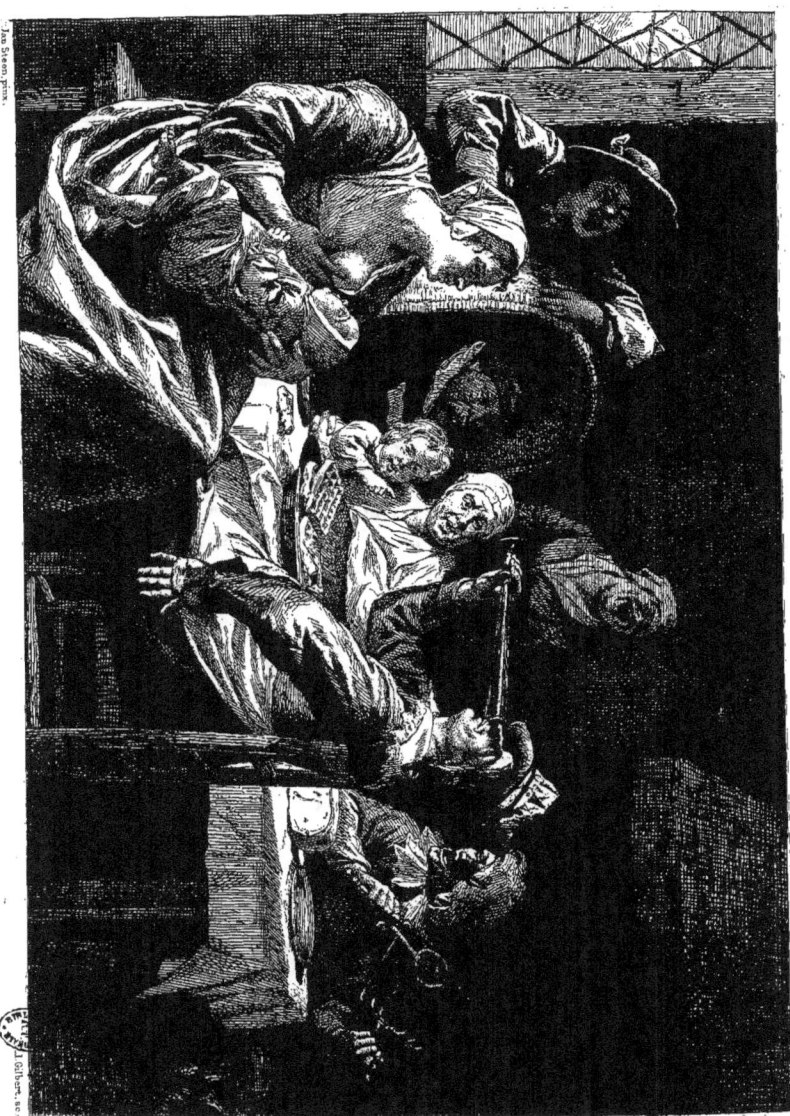

LE ROI BOIT!

STEEN

(JAN)

Né à Leyde en 1626, il y mourut en février 1679. — Élève de Nicolaas Knuffer, d'Adriaan Van Ostade et de Jan Van Goyen, dont il devint le gendre.

LE ROI BOIT!

Les joyeux convives au nombre de neuf, parmi lesquels deux enfants, sont groupés autour d'une table; leur attention est dirigée vers le roi qui, assis sur une chaise au premier plan, vide un long verre tout en s'efforçant de retenir un éclat de rire. A la gauche du spectateur, sur un banc, une femme sourit à l'éphémère Majesté, tout en offrant le sein au nourrisson impatient qui se débat sur ses genoux; une autre femme, la grand'mère; auprès d'elle, un enfant plus âgé; entre elles deux, un vieillard dans un grand fauteuil en osier; derrière et debout, un jeune garçon qui chante; au fond, une servante, également debout, rit à gorge déployée; à droite, un gai compagnon racle un gril avec une cuiller de bois.

Décrit sous le n° 143, à la page 47, tome IV, du *Catalogue raisonné* de Smith, qui s'exprime ainsi sur ce tableau : « *This excellent picture abounds in the genuine spirit of the master.* » Décrit sous le n° 121, page 166 de l'ouvrage de M. T. Van Westrheene, intitulé *Jan Steen*.

Gravé par Achille Gilbert.

Collections du duc de Bedford et de M. John Fulton.

Signé en toutes lettres, au haut, à droite, sur le manteau de la cheminée.

Toile. — Hauteur, 0^m,68; largeur, 1 mètre.

STEEN

(JAN)

LE JUBILÉ

Un vieux couple célèbre l'anniversaire de cinquante ans de mariage ; ils sont assis à table avec leur fille qui fait danser un enfant sur ses genoux pendant que le gendre accompagne sur la cornemuse la chanson que balbutie la grand'mère aux applaudissements de son mari, qui élève de la main droite un vidrecome de vin du Rhin. A gauche, un jeune garçon donne à boire à même un pot d'étain à sa sœur, qui a saisi le goulot de la main droite et tient un sifflet de la main gauche.

Au fond, sur une armoire, deux grands plats d'étain.

En haut, à gauche, une croisée.

Une draperie olivâtre, qui pend au plafond, s'enroule de gauche à droite autour d'une colonne sur laquelle on lit une inscription hollandaise et la signature du maître.

Collection Van de Vynpersse.

Bois. — Hauteur, 0^m,35 ; largeur, 0^m,29.

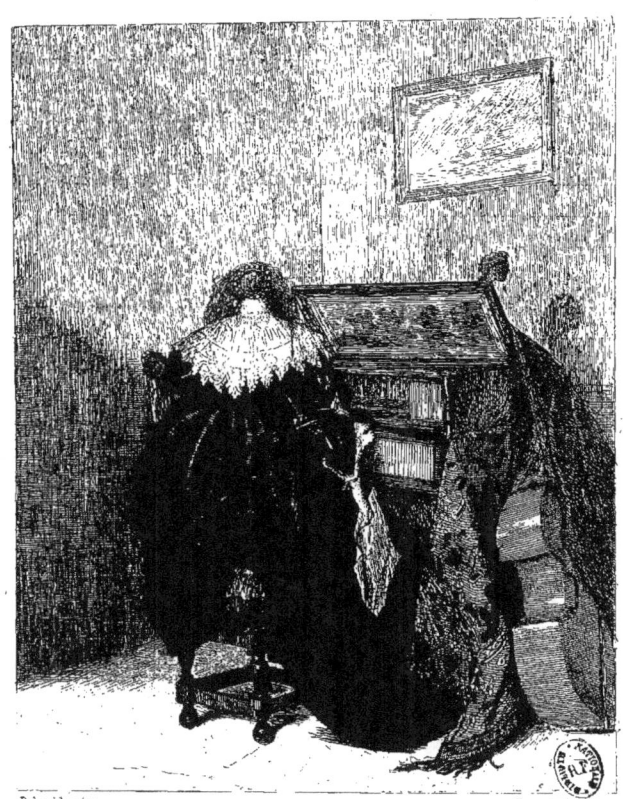

LA CLAVECINISTE

STEVERS, dit PALAMEDES

(ANTHONIE-PALAMEDESZ.)

On croit qu'il est né à Delft en 1604, et qu'il y mourut en 1680. — Son maître est inconnu.

LA CLAVECINISTE

Vêtue de velours noir, avec manchettes et grande collerette en dentelle blanche, ses cheveux dorés retenus par un cercle d'or enrichi de perles, elle est vue de dos, la jambe gauche relevée sous elle, à demi assise sur un siége placé devant le clavecin qui est ouvert et contre lequel est posé un violoncelle appuyé contre un riche tapis et en partie caché par un voile noir.

Elle semble absorbée par l'étude d'un morceau de musique qu'elle doit tenir de la main gauche. Le bras droit, que l'on voit seul, est pendant, et la main retient un papier froissé.

Fond d'appartement tout uni, d'un ton très-clair, très-lumineux.

Au-dessus du clavecin est accroché un tableau.

Gravé par François Flameng.

Bois. — Hauteur, 0^m,42; largeur, 0^m,32.

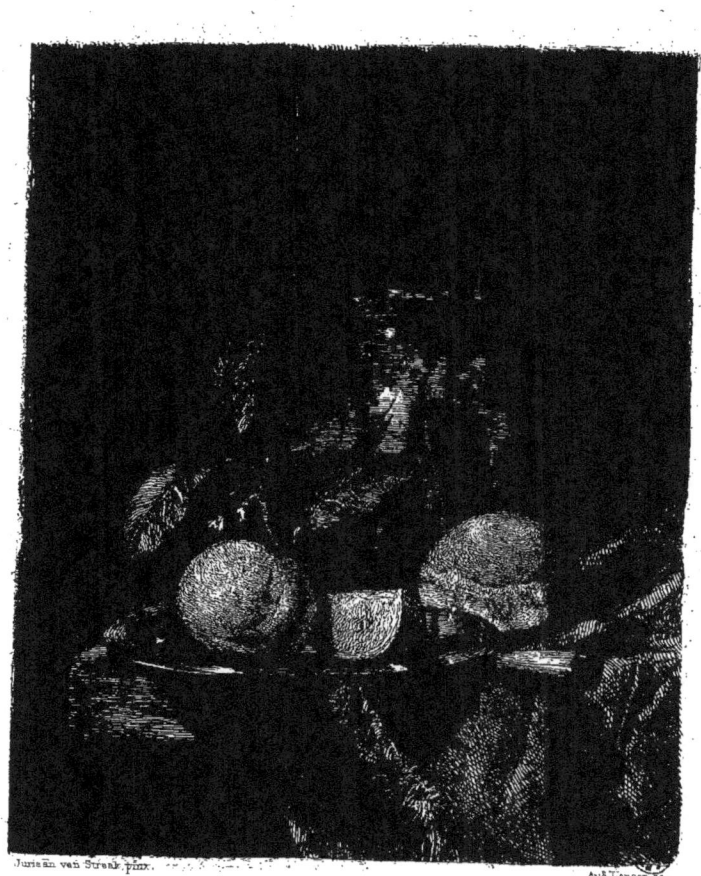

Jurisän van Strank, pinx.   Aug Langon, sc.

LE GOÛTER.

STREEK

(JURIAAN VAN)

Il est né en 1632 probablement à Amsterdam, où il mourut en 1678. — Son maître est inconnu.

LE GOÛTER

Sur une table à demi recouverte d'un tapis de velours brun à franges d'or, un vase en faïence de Delft, un grand verre plein, un pain, un couteau dont on ne voit que le manche, et une assiette d'étain avec une orange et un quartier d'orange.

Gravé par Auguste Lançon.

Signé en toutes lettres, au bas, dans le fond, à gauche.

Bois. — Hauteur, 0ᵐ,54; largeur, 0ᵐ,44.

STRY

(ABRAHAM VAN)

Né à Dordrecht en 1753, il y est mort en 1826. — Élève de George Ponse.

BORDS DE LA MEUSE

A droite, le fleuve, sur lequel se voient deux barques chargées de tourbe, dont l'une va être amarrée, et deux bateaux à voiles; la gauche du tableau est occupée par la rive; on y distingue quelques bouquets d'arbres, une pauvre maisonnette en planches, trois vaches couchées.

Signé des initiales, au milieu, sur une pièce de bois, près d'une brouette renversée.

A.'S.

Bois. — Hauteur, 0^m,26; largeur, 0^m,41.

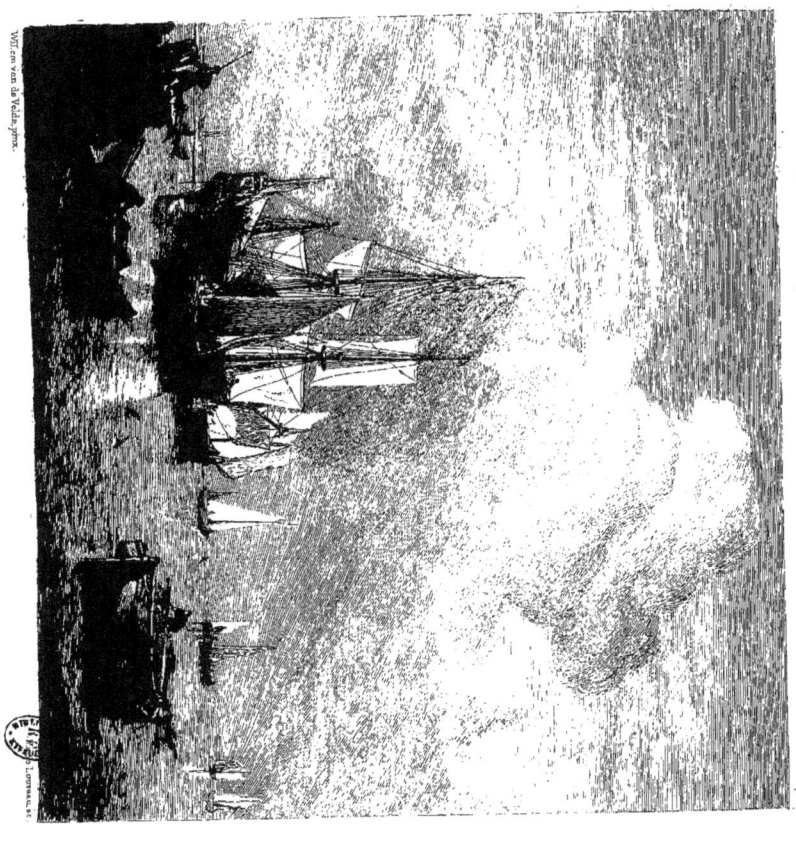

UN CALME.

VELDE LE JEUNE

(WILLEM VAN DE)

Né à Amsterdam en 1633, mort à Londres en 1707. — Élève de son père, Willem Van de Velde le Vieux et de Simon De Vlieger.

UN CALME

Au second plan, un trois-mâts est entouré de bateaux de pêche ; à l'horizon, cinq autres bateaux, les voiles déployées.

Au premier plan, à gauche, près d'une estacade, une barque qui va aborder ; à droite, un chaland qui s'éloigne.

Tout au fond, on distingue dans la brume le clocher d'un village.

Ciel très-clair, semé de nuages.

Collection Van Saceghem, de Gand, où se trouvait également le pendant.

Smith, *Catalogue raisonné*, tome VI, page 364, n° 156, dit en parlant de ces deux tableaux : « *These are admirable examples of the painter.* »

Gravé par Mlle Marie Louveau.

Signé des initiales sur le bord de l'estacade.

W/VV

Toile marouflée. — Hauteur, 0^m,33 ; largeur, 0^m,36.

VERSPRONCK

(CORNELIS-ENGELSZ)

Né à Harlem, où il a dû mourir. Les dates sont inconnues. — Élève de Cornelis Van Haarlem et de Karel Van Mander.

PORTRAIT DE BOURGEOISE DE HARLEM

En buste, de grandeur naturelle, vue de trois quarts, tournée vers la gauche, les cheveux séparés sur le front et retombant en boucles sur ses épaules, elle est vêtue de noir avec corsage brodé d'or et grande collerette en mousseline blanche. Elle a des boucles d'oreilles en forme de pendeloques ; sur sa poitrine un bijou est suspendu à un nœud de rubans noir et or.

Bois. — Hauteur, 0^m,63 ; largeur, 0^m,49.

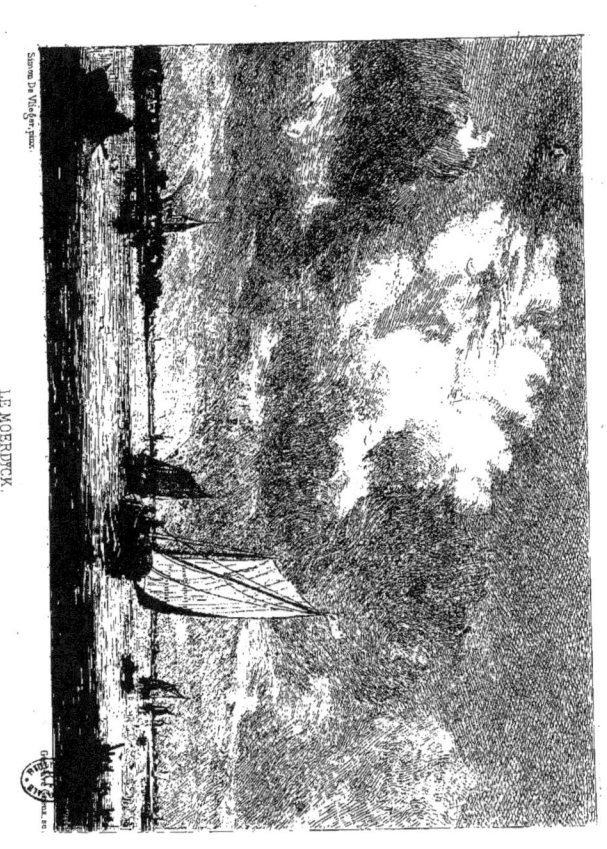

LE MOERDYCK.

VLIEGER

(SIMON DE)

Né à Rotterdam en 1612, mort à Amsterdam, on ignore en quelle année. — Élève de Willem Van de Velde le Vieux.

LE MOERDYCK

Les eaux du Moerdyck occupent tout le tableau; des pêcheurs dans leurs barques et des bateaux à voiles filent dans diverses directions. A l'horizon, on aperçoit, de chaque côté, des arbres et des maisons.

Le ciel, d'une excessive profondeur et d'une finesse extrême, se reflète dans les eaux éclairées par quelques échappées de soleil.

Gravé par Gustave Greux.

Signé des initiales sur une barque, à gauche.

S.D.V.

Bois. — Hauteur, 0^m,40; largeur, 0^m,60.

VLIET

(HENDRIK VAN)

Né à Delft, probablement en 1608, on croit qu'il y mourut en 1661. — Élève de son père Willem Van Vliet et de son oncle Michiel Miereveld.

INTÉRIEUR D'ÉGLISE

Au centre, adossé à une colonne, un banc-d'œuvre que se dispose à occuper un marguillier. Au fond le chœur.

Au second plan, une femme et un enfant; derrière eux, un seigneur salue une dame accompagnée de son mari.

Des lustres en cuivre descendent de la voûte.

Signé des initiales sur la base de la première colonne, à gauche.

HV

Bois. — Hauteur, 0^m,33; largeur, 0^m,25.

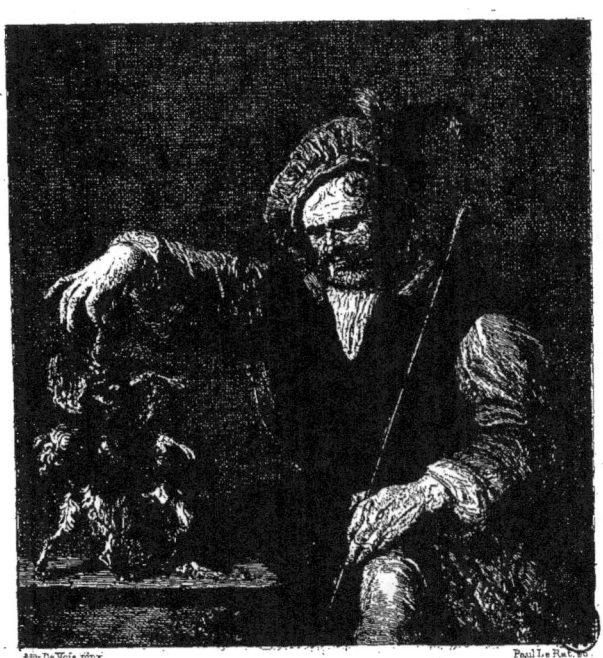

Ary De Vois, pinx.   Paul Le Rat, sc.

LA PERDRIX.

VOIS

(ARIE DE)

Né à Leyde 1641, croit-on; l'époque de sa mort est inconnue. — Elève de Kunffer et d'Abraham Van den Tempel.

LA PERDRIX

Une toque rouge sur la tête, vêtu d'habits olive et noir à crevés, une gibecière brodée en bandoulière, le fusil appuyé contre la jambe et soutenu par la main gauche, un chasseur est assis devant une table sur laquelle est sauté un chien, et rit en lui montrant, pour l'exciter, une perdrix qu'il tient suspendue de la main droite.

Gravé par Paul Le Rat.

Hauteur, 0^m,26; largeur, 0^m,23.

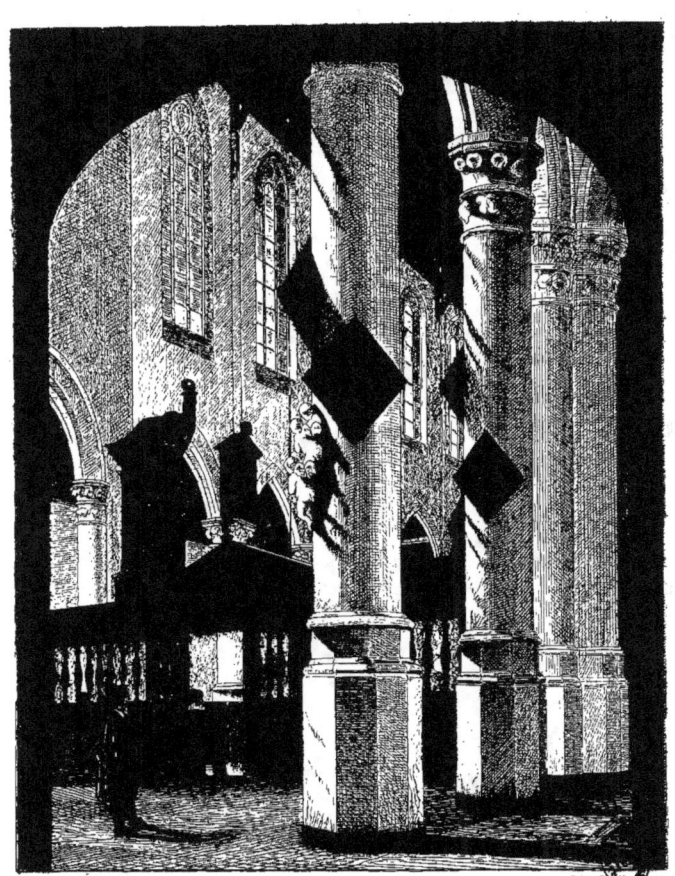

INTÉRIEUR D'UN TEMPLE PROTESTANT.

WITTE

(EMANUEL DE)

Né à Alkmaar en 1607, mort à Amsterdam en 1692. — Élève de Evert Van Aalst.

INTÉRIEUR DE TEMPLE PROTESTANT

A travers une arche sombre on aperçoit les hautes colonnes, vivement éclairées, qui entourent le chœur où vont pénétrer une femme et un enfant à qui un mendiant demande l'aumône.

Un vieux bourgeois regarde des *Obiit* suspendus à la première colonne.

Gravé par Léon Gaucherel.

Signé en toutes lettres au-dessus de la porte d'entrée du chœur.

E De. Witte

Bois. — Hauteur, 0^m,36; largeur, 0^m,29.

WOUWERMAN

(JAN)

Né à Harlem en 1629, il y mourut en 1666. — Élève de son frère Philip Wouwerman.

LE PONT RUSTIQUE

Toute la gauche du tableau est occupée par une rivière; un pont de bois, que traverse un paysan, relie ses deux rives à l'arrière-plan; à droite, une route escarpée au bout de laquelle est assis un campagnard. Derrière la route, une ferme et deux arbres.

Ciel très-fin, semé de nuages qui voilent en partie le soleil.

Bois. — Hauteur, 0^m,28; largeur, 0^m,36.

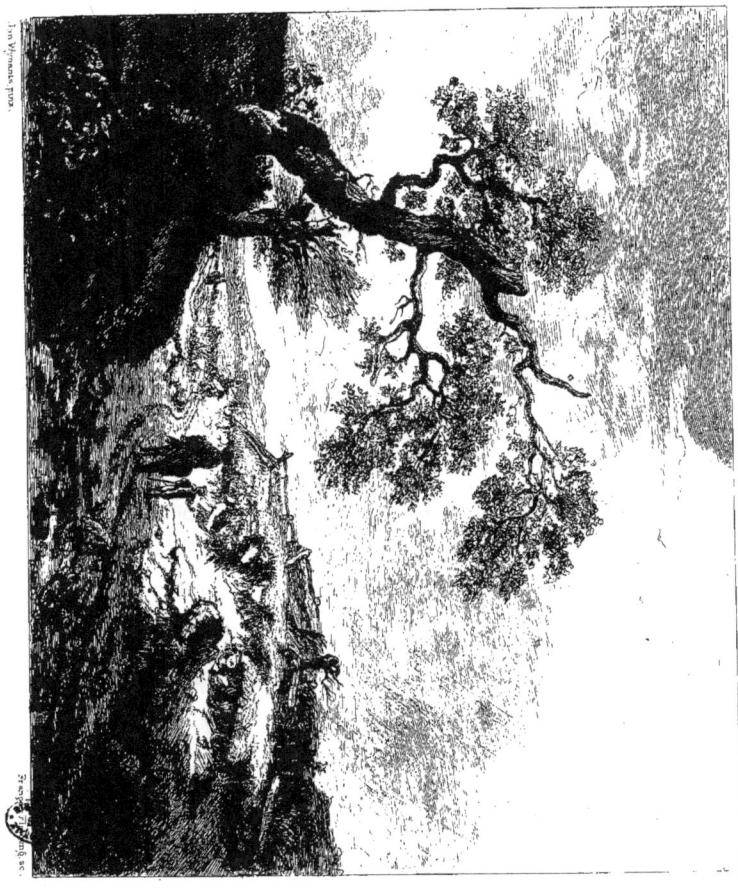

LE VIEUX CHÊNE.

WYNANTS

(JAN)

Né à Harlem en 1600 et mort en 1677, d'après le catalogue du musée d'Amsterdam ; Le catalogue de la dernière exposition rétrospective de la Société *Arti et Amicitiæ* remplace cette dernière date par 1670. M. le docteur Van der Willigen, qui a découvert et publié tant de documents précieux sur les peintres de Harlem, n'a jusqu'ici rien trouvé de décisif sur Wynants, dont on ne connaît pas le maître.

LE VIEUX CHÊNE

A gauche d'un chemin sablonneux et défoncé par les pluies, s'élève un chêne dénudé derrière lequel on aperçoit un saule. Sur la route un cavalier, suivi de trois chiens dont l'un se désaltère dans une mare, se renseigne auprès d'un paysan. Plus loin, quatre autres figures.

Fond de bruyères et de collines.

Ciel qui se couvre de nuages pluvieux.

Gravé par François Flameng.

Signé en toutes lettres, au bas, à gauche.

Jwynants

Toile. — Hauteur, 0^m,36 largeur, 0^m,45.

WYNANTS

(JAN)

LA FERME

A gauche, sur le bord d'un chemin où l'on aperçoit deux paysans et une paysanne, trois corps de bâtiment sont adossés à une colline ombragée de bouquets d'arbres.

A droite, deux arbres.

Au fond, on distingue le clocher d'un village situé au pied d'une montagne.

Ce petit panneau de la première manière du maître est signé des initiales dans le bas à gauche.

JW.

Bois. — Hauteur, 0^m,175 ; largeur, 0^m,225.

TABLEAUX MODERNES

ÉCOLE BELGE

GALLAIT

(LOUIS)

Né à Tournay en 1810. — Elève de Hennequin.

L'OUBLI DES DOULEURS

Une mère, brisée par les souffrances, s'est affaissée sur un banc de pierre; sur ses genoux deux enfants sont endormis. Un jeune homme contemple la figure de l'infortunée baignée de larmes; il saisit son violon sur lequel il essaye un air du pays natal pour calmer sa compagne.

Signé en lettres rouges sur un banc de pierre, au premier plan, à droite.

Bois. — Hauteur, 0^m,25 ; largeur, 0^m,21.

MADOU

(JEAN-BAPTISTE)

Né à Bruxelles en 1796. — Élève de Célestin François.

LA DIVE BOUTEILLE

Un campagnard, en costume du temps de la révolution brabançonne, est assis, tenant de la main gauche un verre de vin qu'il caresse de la main droite ; à côté de lui, une bouteille sur un escabeau.

Signé en toutes lettres et daté, au bas, à gauche, sur un carreau rouge.

Madou 1866

Bois. — Hauteur, 0^m,38 ; largeur, 0^m,31.

ROBIE

(JEAN)

Né à Bruxelles en 1821. — Élève de l'Académie de Bruxelles.

NATURE MORTE

Sur une table recouverte d'un tapis de velours rouge, un nautilus orné d'une monture en or ciselé représentant Neptune sur un char traîné par un cheval marin, une coupe en or ciselé et émaillé contenant des raisins noirs, un vase de Chine, une coupe en verre de Venise posée sur un coffret en laque, un bouquet de roses.
Fond de tenture.

Signé en toutes lettres, au bas, à gauche, sur le tapis.

*J Robie
1873.*

Bois. — Hauteur, 0^m,67; largeur, 0^m,525.

ÉCOLE ESPAGNOLE

FORTUNY

MARIANO)

Né à Reus en 1839.

LE VASE DE CHINE

Dans un riche salon Louis XV, un vieux gentilhomme examine en connaisseur un vase de Chine aux couleurs éclatantes.

Signé en toutes lettres et daté, au bas, sur le parquet, à droite.

Aquarelle. — Hauteur, 0^m,33; largeur, 0^m,24.

ÉCOLE FRANÇAISE

TABLEAUX

ÉCOLE FRANÇAISE

TABLEAUX

BOULANGER

(GUSTAVE-RODOLPHE-CLARENCE)

Né à Paris le 25 avril 1824. — Élève de Paul Delaroche et de Jollivet.

UNE MARCHANDE DE BIJOUX A POMPÉI

La marchande aux cheveux noirs est dans l'intérieur de sa boutique, où l'on voit suspendus quelques bijoux ; elle explique les mérites d'une bague que tient une de ses blondes clientes assise à l'entrée du magasin, les bras nus, la robe entr'ouverte sur le côté ; une autre regarde debout, drapée dans un peplum vert, tandis que derrière elle une petite fille vêtue de bleu examine avec une curiosité envieuse.

Signé en toutes lettres et daté sur le mur à gauche.

G. BOULANGER.
MDCCCLXVIII.

Bois. — Hauteur, 0ᵐ,36 ; largeur, 0ᵐ,25.

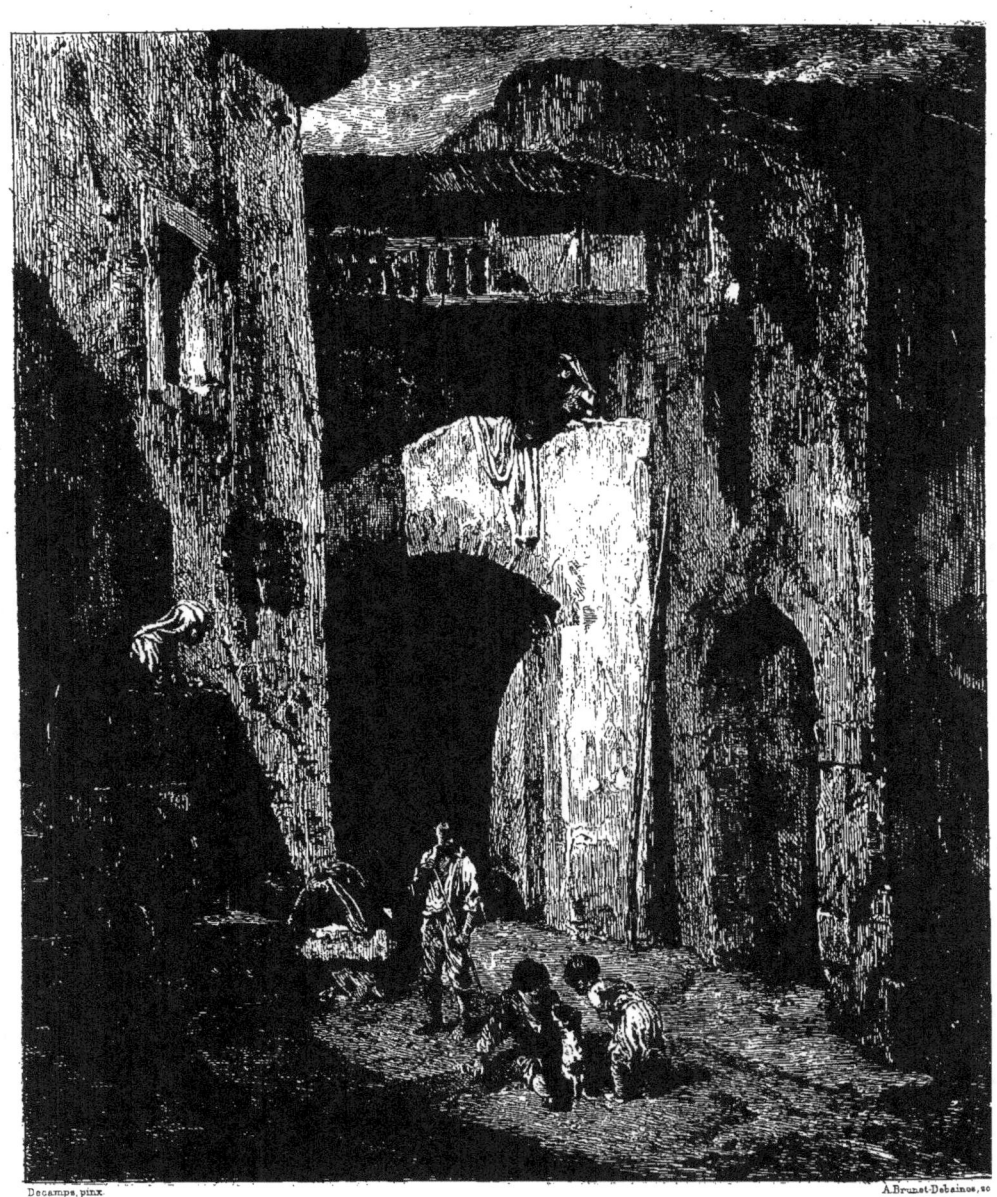

INTÉRIEUR DE COUR EN ITALIE.

DECAMPS

(ALEXANDRE-GABRIEL)

Né à Paris en 1803, mort à Fontainebleau le 22 août 1860. — Élève d'Abel de Pujol.

INTÉRIEUR DE COUR EN ITALIE

Dans une cour étroite, entourée de constructions pittoresques, aux grands pans de murs brûlés par un soleil ardent, deux jeunes enfants jouent avec un chien; un troisième est debout derrière eux; deux femmes les regardent, l'une du haut de la voûte qui occupe le fond du tableau, l'autre, à gauche, accoudée sur le rebord d'un escalier de pierre.

Gravé par Alfred Brunet-Debaines.
Collection du baron Michel de Trétaigne.

Signé en toutes lettres et daté.

DECAMPS.
1842

Hauteur, 0^m,61; largeur, 0^m,50.

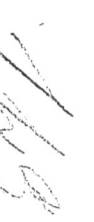
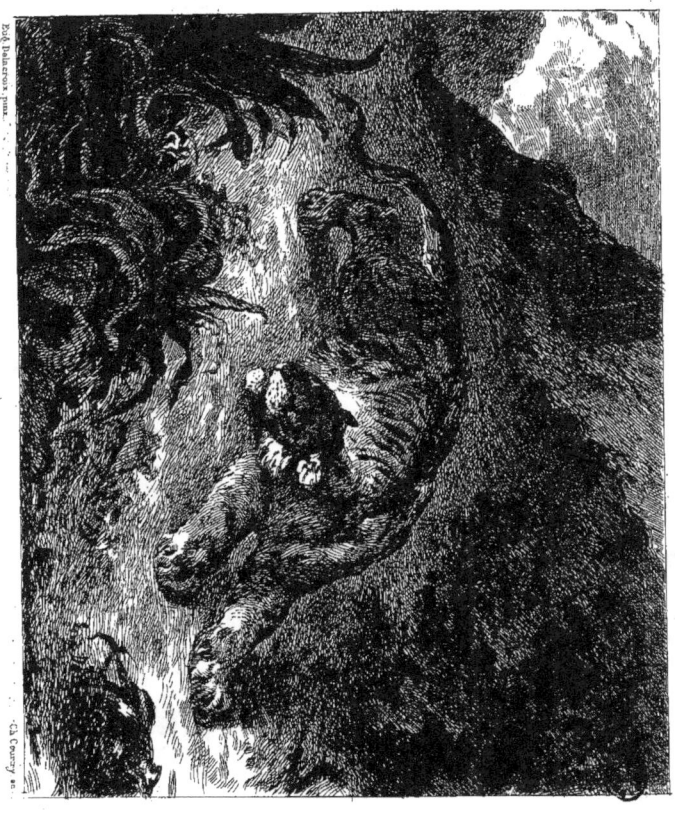

TIGRE SURPRIS PAR UN SERPENT.

DELACROIX

(FERDINAND-VICTOR-EUGÈNE)

Né à Charenton-Saint-Maurice le 26 avril 1799, mort à Paris le 13 août 1863. — Élève de Guérin.

TIGRE SURPRIS PAR UN SERPENT

Un tigre s'est arrêté dans sa course, furieux et inquiet à la fois, à la vue d'un serpent qui s'apprête à s'élancer sur lui.

Fond de montagnes qui laissent entrevoir un bout de ciel.

Gravé par Charles Courtry.

Signé en toutes lettres, au bas, à droite.

Peint sur carton. — Hauteur 0ᵐ,33; largeur, 0ᵐ,40.

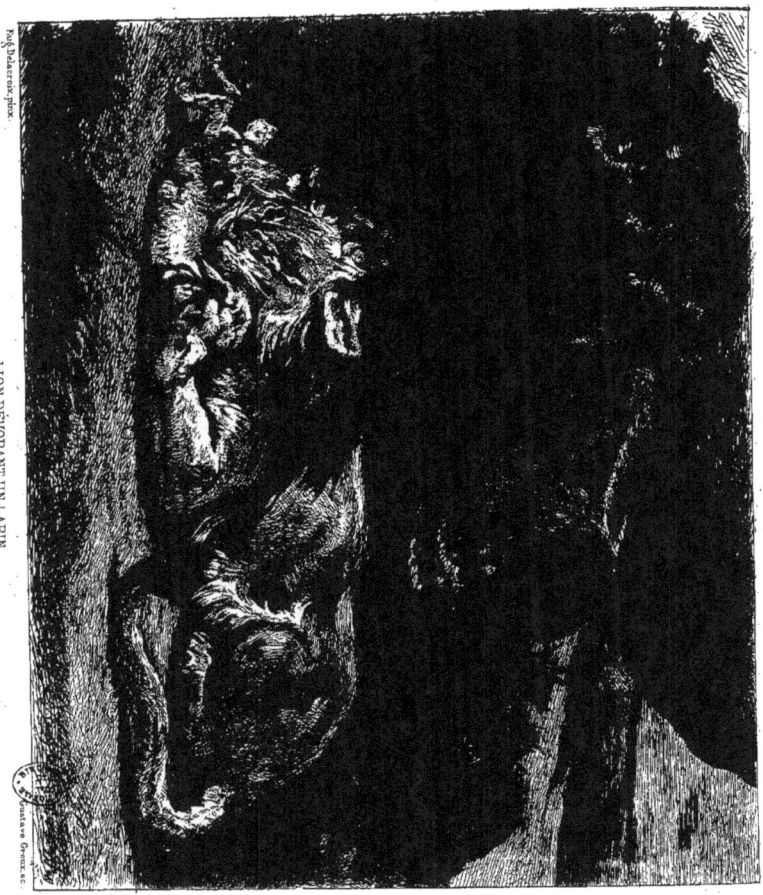

LION DÉVORANT UN LAPIN

DELACROIX

(FERDINAND-VICTOR-EUGÈNE)

LION DÉVORANT UN LAPIN

Dans une anfractuosité de rochers, un lion, étendu sur le sol, a saisi sa victime entre ses griffes et la dévore. — A droite, fond de paysage.

Gravé par Gustave Greux.

Collections Arago et Laurent-Richard.

Signé en toutes lettres, au bas, à droite, sur l'herbe.

Toile. — Hauteur, 0^m,44; largeur, 0^m,55.

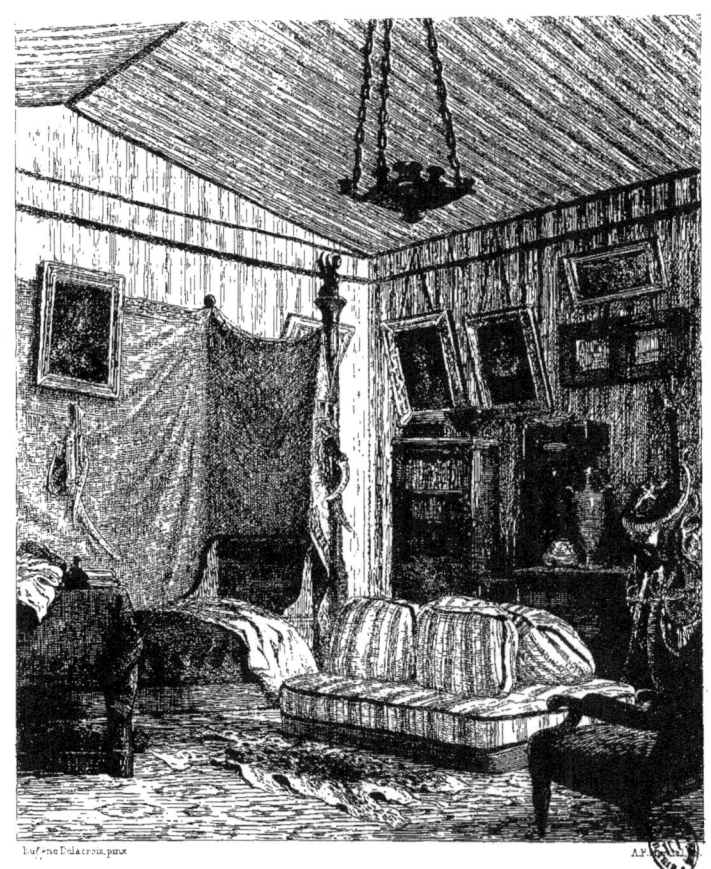

L'APPARTEMENT DU COMTE DE MORNAY.

DELACROIX

(FERDINAND-VICTOR-EUGÈNE)

L'APPARTEMENT DU COMTE DE MORNAY.

M. le comte de Mornay, lorsqu'il fut chargé, sous Louis-Philippe, d'une mission au Maroc, proposa à Delacroix, avec lequel il était intimement lié, de l'accompagner. C'est dans ce voyage que Delacroix exécuta cette belle suite d'aquarelles que possède M. le comte de Mornay, dont il résolut au retour de peindre le portrait; il fit à cet effet une étude de l'appartement que le diplomate possédait rue de Verneuil, et qui figurait une tente rayée de blanc et de bleu, avec un divan semblable, un lit de style empire, des tableaux et des armes orientales accrochés aux murs.

C'est l'œuvre qui nous occupe : Delacroix ne s'en est jamais séparé; elle a fait partie de sa vente après décès, et, par une erreur restée inexpliquée, elle a été cataloguée sous ce titre : *La chambre de M. Eugène Delacroix dans sa jeunesse.*

C'est exactement dans ce même intérieur, sur une toile de 0^m,78 de haut sur 0^m,65 de large, qu'est peint le portrait du comte de Mornay, représenté vêtu d'une robe de chambre chinoise dont le ton rose s'enlève vivement sur une draperie d'un rouge brique. Sur le divan est un visiteur qui porte une redingote boutonnée : ce second portrait est celui de M. Anatole Demidoff, le célèbre collectionneur, qui devint plus tard prince de San Donato.

Trois des aquarelles faites au Maroc pour M. de Mornay et ce portrait du comte figuraient parmi l'envoi d'Eugène Delacroix au Salon de 1833.

Gravé par A.-P. Martial.   Signé en toutes lettres, au bas, à droite, sous un fauteuil.

E. Delacroix.

Toile. — Hauteur, 0^m,40; largeur, 0^m,32.

DESGOFFE

(BLAISE-ALEXANDRE)

Né à Paris. — Élève de Hippolyte Flandrin.

NATURE MORTE

Sur une table, un vase en grès, un tapis de soie orientale et un plumeau. Derrière la table, un paravent.
Fond de tapisserie.

Signé en toutes lettres, sur une carte posée sur la table.

Desgoffe

Bois. — Hauteur, 0^m,20; largeur, 0^m,13.

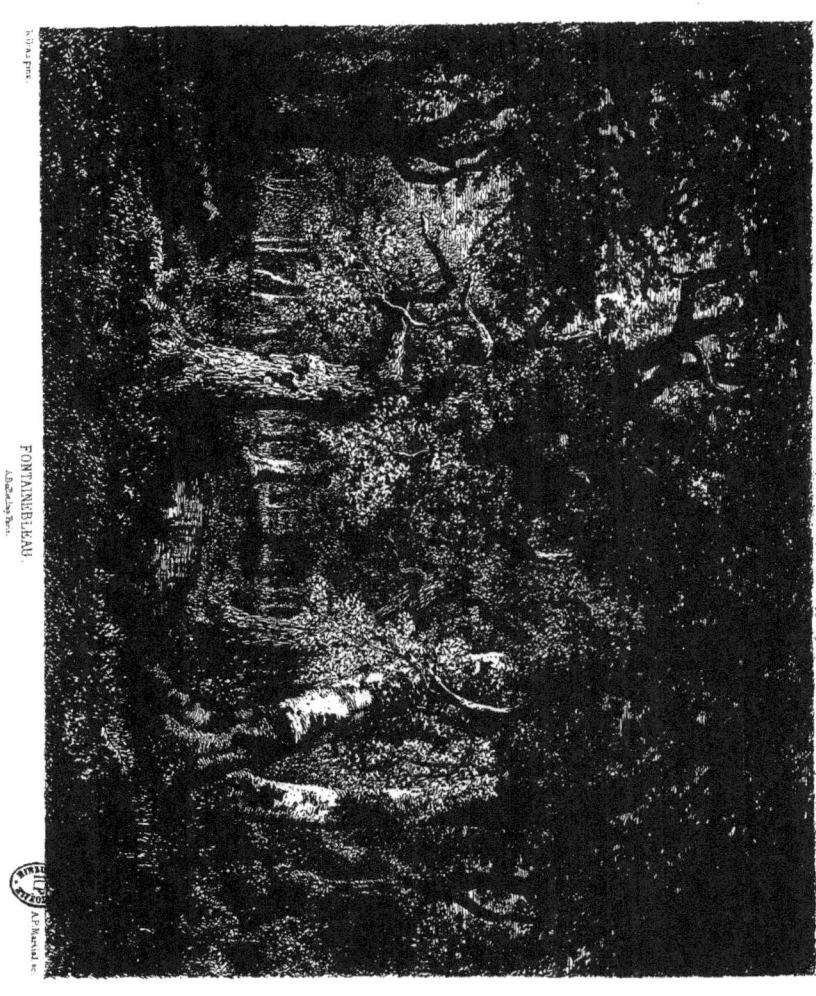

FONTAINEBLEAU

DIAZ DE LA PEÑA

(NARCISSE-VIRGILE)

Né à Bordeaux en 1809. — Élève de Souchon et de Sigalon.

FONTAINEBLEAU

Au cœur de la forêt, au milieu d'un terrain humide tout tapissé de mousses, près d'une mare, de grands chênes et des hêtres vigoureux entrelacent leurs branches. Un rayon de soleil perce le feuillage et vient frapper çà et là leurs troncs d'une vive lumière.

A gauche, une femme est en train de ramasser du bois.

Gravé par A.-P. Martial.

Signé en toutes lettres, en bas, à gauche, et daté.

Toile. — Hauteur, 0^m,72; largeur, 0^m,87.

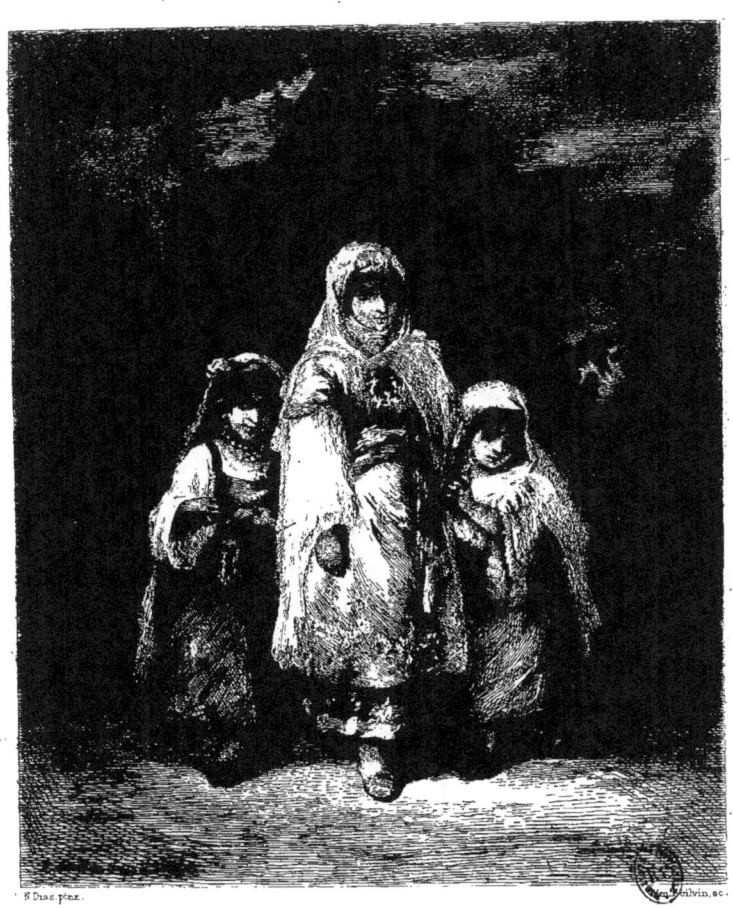

SMYRNIOTES

DIAZ DE LA PEÑA

(NARCISSE-VIRGILE)

SMYRNIOTES

Une jeune femme, richement vêtue d'une robe rose brodée, se promène dans un jardin, accompagnée de deux charmantes enfants; l'aînée est à sa droite : elle a un jupon bleu broché d'or; à gauche marche la cadette, qui porte un jupon bouton-d'or et un corsage rose.

Dans le fond, un frottis d'arbres

Gravé par Emile Boilvin.   Signé en toutes lettres au bas, à gauche.

Bois. — Hauteur, 0^m,35; largeur, 0^m,29.

DIAZ

(NARCISSE - VIRGILE)

SOUS BOIS

Site de la forêt de Fontainebleau, près de l'entrée des gorges d'Apremont. Des arbres séculaires entourent une mare qui occupe le centre du tableau.

Signé en toutes lettres.

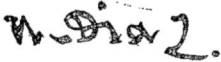

Panneau. — Hauteur, 0^m,35 ; largeur, 0^m,45.

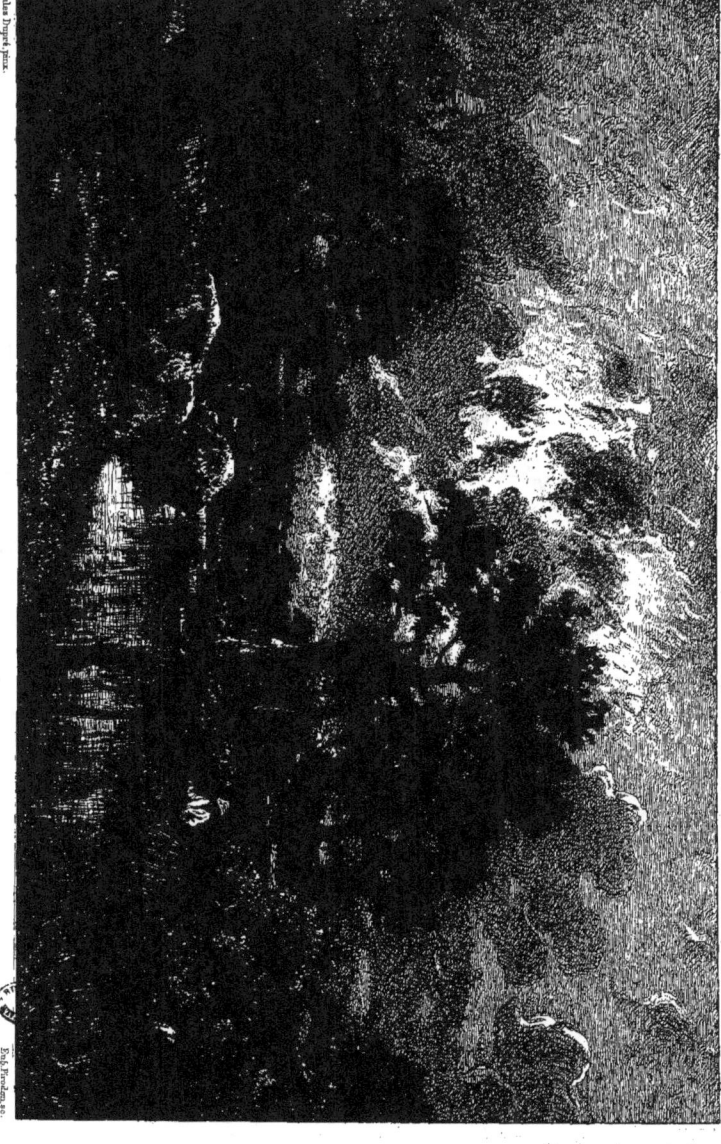

SOLEIL COUCHANT.

DUPRÉ

(JULES)

Né à Nantes en 1812.

SOLEIL COUCHANT

Au centre, un groupe d'arbres qui se reflètent au premier plan dans une mare où un pêcheur a jeté sa ligne.

A gauche, à l'arrière-plan, un autre groupe d'arbres précédé de rochers au bord de l'eau.

Ciel précurseur de l'orage.

Gravé par Eugène Pirodon

Signé en toutes lettres au bas, à gauche.

Jules Dupré

Toile. — Hauteur, 0^m,21 ; largeur, 0^m,34.

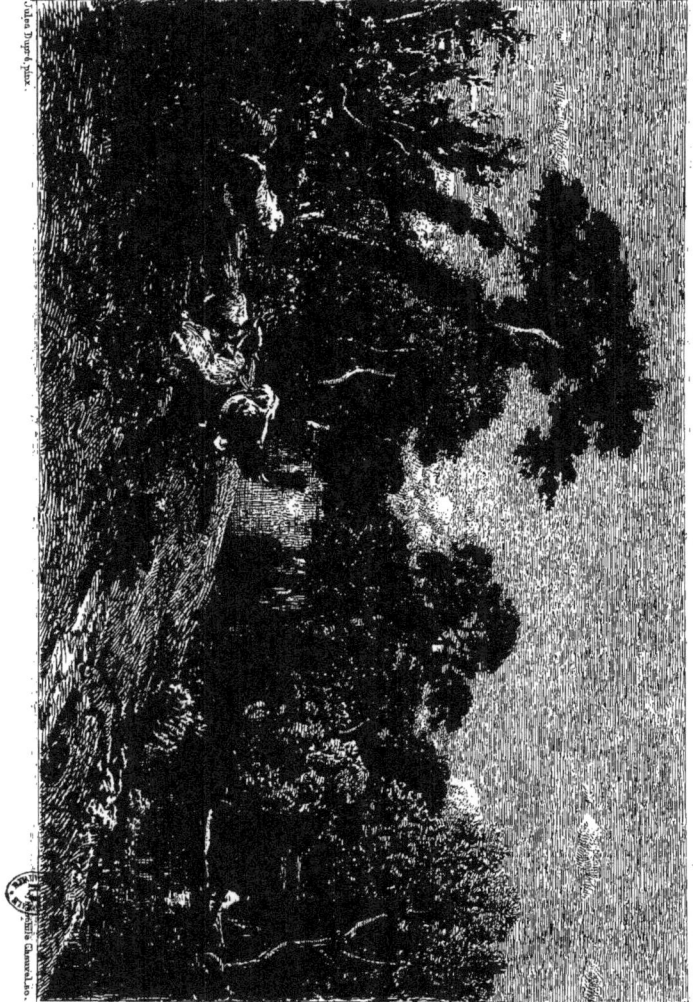

TROUPEAU DE VACHES AU BORD D'UNE RIVIÈRE.

DUPRÉ

(JULES)

TROUPEAU DE VACHES AU BORD D'UNE RIVIÈRE

Une rivière coule au milieu d'arbres qui se reflètent dans l'eau. A gauche, des vaches dans une prairie. A droite, un paysan dans une barque amarrée à un arbre.

Ciel semé de quelques nuages.

Gravé par Théophile Chauvel.
Collection Binder.

Signé à gauche, en toutes lettres.

Jules Dupré

Bois. — Hauteur, 0^m,24; largeur, 0^m,40.

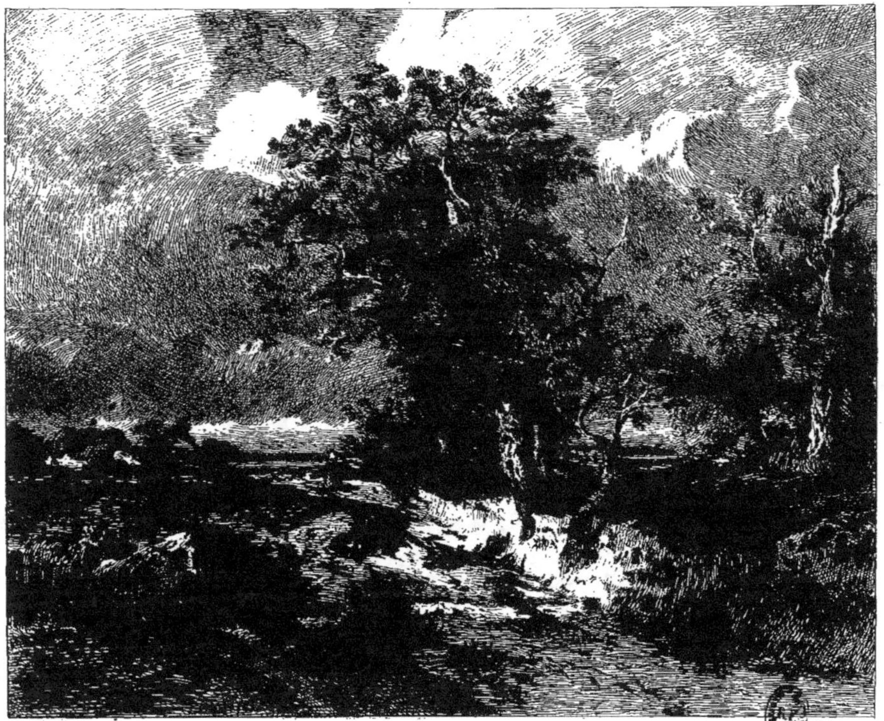

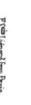

LE CHEMIN CREUX.

DUPRÉ

(JULES)

LE CHEMIN CREUX

Une paysanne en jupon rouge suit un chemin sablonneux à travers la bruyère, pour rejoindre sa chaumière que l'on aperçoit à l'horizon. Au bord du chemin, à droite, quelques arbres.

Le sol est semé de fragments de roches moussues.

Gravé par Alfred Brunet-Debaines.
Collection Binder.

Signé en toutes lettres, à droite, au premier plan.

Jules Dupré

Toile. — Hauteur, 0^m,30; largeur, 0^m,37.

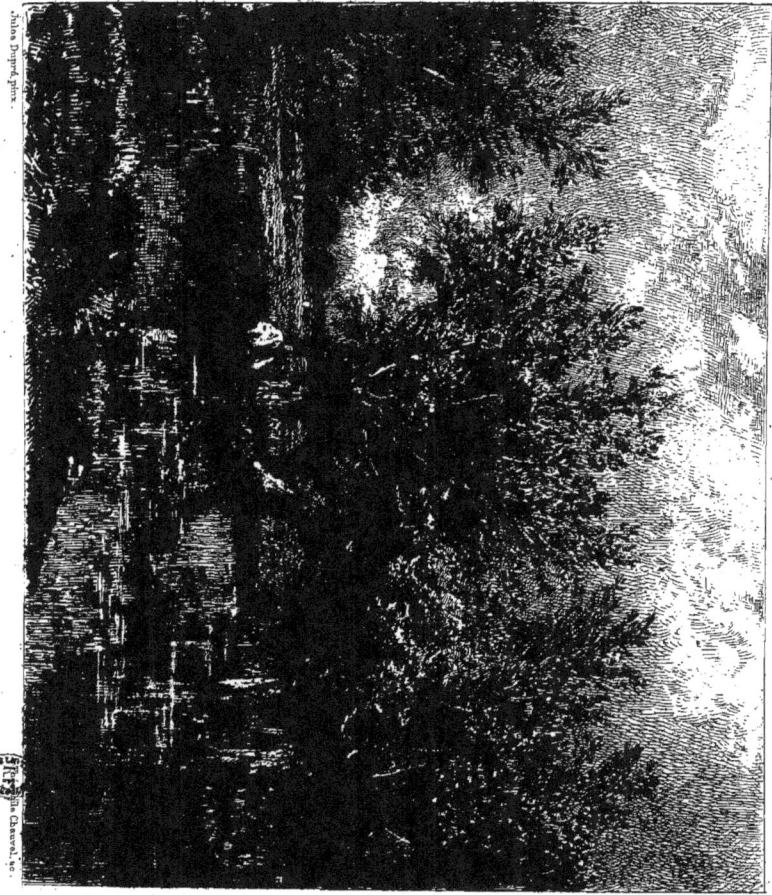

SAULAIE.

DUPRÉ

(JULES)

SAULAIE

Des saules ombragent les bords d'un cours d'eau qui baigne un pâturage où l'on distingue dans le lointain quelques vaches couchées.

Un jeune garçon pêche à la ligne.

Ciel d'été chargé de nuages laiteux d'une grande finesse de tons.

Gravé par Théophile Chauvel.   Signé en toutes lettres, au bas, à gauche, dans l'herbe.

Jules Dupré

Toile. — Hauteur, 0^m,21; largeur, 0^m,26.

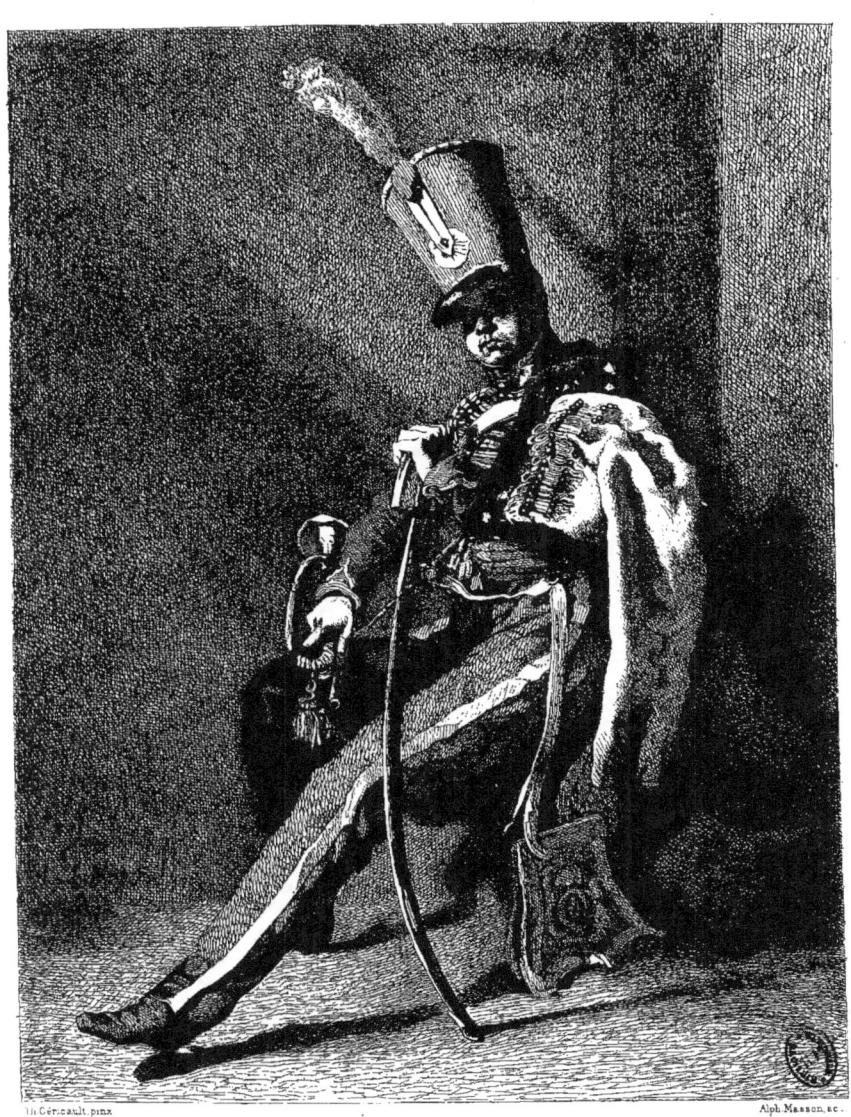

TROMPETTE DES HUSSARDS D'ORLÉANS

GÉRICAULT

(JEAN-LOUIS-ANDRÉ-THÉODORE)

Né à Rouen en 1791, mort à Paris en 1824. — Élève de Carle Vernet et de Guérin.

TROMPETTE DES HUSSARDS D'ORLÉANS

Il est en grande tenue, assis, la main gauche sur la poignée de son sabre, et tenant de la droite sa trompette. Le corps est tourné de profil vers la gauche; la tête est vue de trois quarts et regardant le spectateur.

Puissante étude, très faite; le fond seul est traité en esquisse.

Gravé par Alphonse Masson.

Toile. — Hauteur, 0^m,47; largeur, 0^m,37.

GÉROME

(JEAN-LÉON)

Né à Vesoul en 1824. — Elève de Paul Delaroche et de l'École des Beaux-Arts.

LE ROI CANDAULE

C'est le projet du grand tableau peint en 1859. Nous sommes dans la chambre du roi de Lydie; Candaule est couché et regarde sa femme qui se dépouille de ses derniers voiles. Au fond, à droite, Gygès la guette.

Signé en toutes lettres et daté dans le bas, à droite.

J.L. GEROME
1858

Toile. — Hauteur, 0^m,20; largeur, 0^m,32.

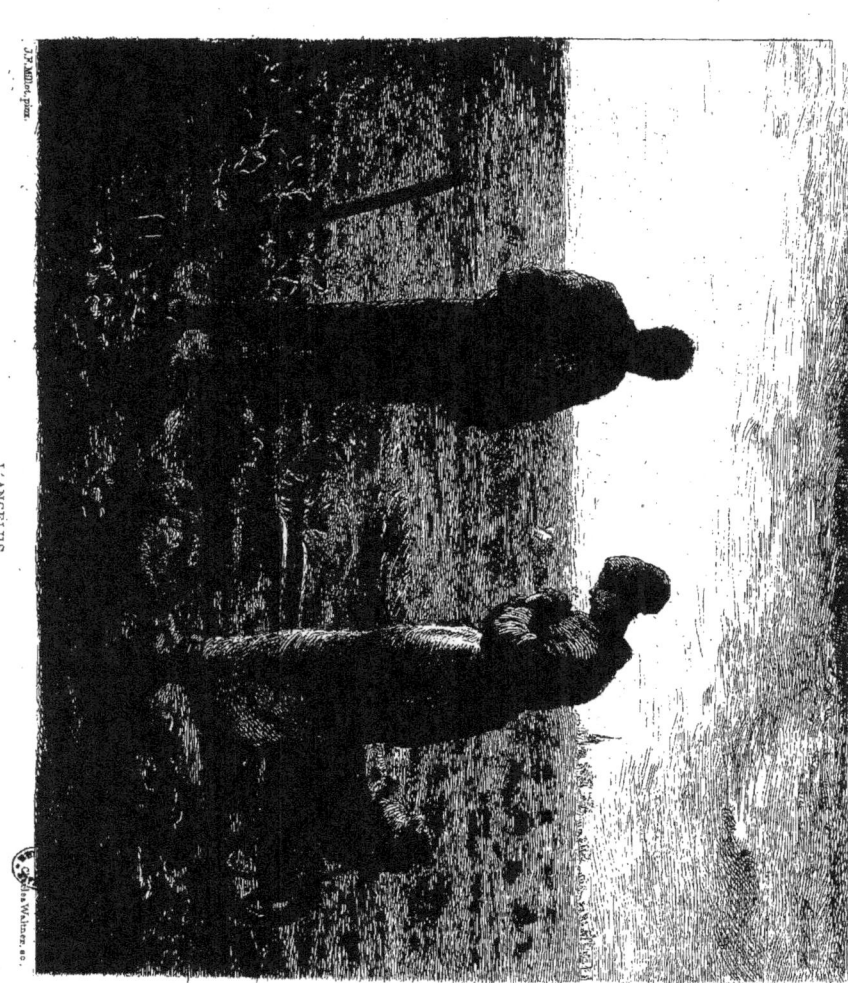

L'ANGÉLUS.

MILLET

(JEAN-FRANÇOIS)

Né à Gréville (Manche) en 1815. — Élève de Paul Delaroche.

L'ANGELUS DU SOIR

Dans un vaste champ, à l'horizon duquel on distingue le clocher d'un village, un paysan et sa femme, occupés à récolter des pommes de terre, au soleil couchant, ont interrompu leur travail en entendant tinter l'angelus; debout, les mains jointes, le mari vu de face, la femme de profil, ils font leur prière sous l'impression d'un profond sentiment religieux.

Près de l'homme, une fourche plantée en terre; derrière sa compagne, une brouette avec deux sacs dont l'un est rempli. Au premier plan, un panier de pommes de terre.

Gravé par Charles Waltner.   Signé en toutes lettres, au bas, à droite.

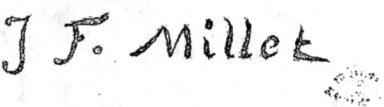

Toile. — Hauteur, 0^m,54; largeur, 0^m,66.

MILLET

(JEAN-FRANÇOIS)

RETOUR DES CHAMPS

Un paysan pousse une brouette remplie d'herbe sur laquelle sa petite fille est endormie; son frère se penche pour l'embrasser; la mère chasse devant eux une chèvre et un mouton coupé par le cadre.

Signé en toutes lettres, au bas, à droite.

J F. Millet

Toile. — Hauteur, 0^m,45; largeur, 0^m,37.

PLASSAN

(ANTOINE-ÉMILE)

Né à Bordeaux.

LE DÉJEUNER

Dans un appartement tendu de cuir de Cordoue, le repas vient d'être terminé; une servante le dessert par la porte du fond, qui est ouverte et laisse voir une croisée qui éclaire le vestibule.

La sœur aînée, assise sur un riche tabouret, apprend à lire à sa cadette dans un grand livre posé sur la table recouverte d'une nappe blanche de laquelle on n'a pas encore enlevé le café.

La mère a approché son fauteuil du foyer et est vue de dos, causant avec un seigneur accoudé à la cheminée, sur laquelle on voit une pendule rocaille entre deux grandes potiches du Japon.

Signé en toutes lettres, au bas, à gauche.

PLASSAN

Bois. — Hauteur, 0^m,10; largeur, 0^m,14.

ROQUEPLAN

(CAMILLE)

SOUVENIR DU BÉARN

Une paysanne en costume national est debout, les pieds nus, le coude appuyé sur une barrière derrière laquelle est un jeune gars qu'elle regarde. Sa main gauche tient sa quenouille renversée. Derrière elle, son troupeau de moutons au pacage.

De grandes plantes croissent près de la barrière.

Signé en toutes lettres et daté, au bas, à droite, dans le terrain.

Ch. Roqueplan 1858

Toile. — Hauteur, 0^m,47 ; largeur, 0^m,32.

ROQUEPLAN

(CAMILLE)

SOLEIL COUCHANT

Au fond d'un chemin creux bordé d'arbres on aperçoit des murs en ruine.
Au premier plan, une mare près de laquelle se trouve une femme.
Derrière elle, sur la route, s'avancent des vaches; deux femmes et un paysan les suivent.
Ciel enflammé et rayé de nuages.

Signé en toutes lettres, au bas, à gauche, dans le terrain.

C. Roqueplan:

Bois. — Hauteur, 0^m,23; largeur, 0^m,31.

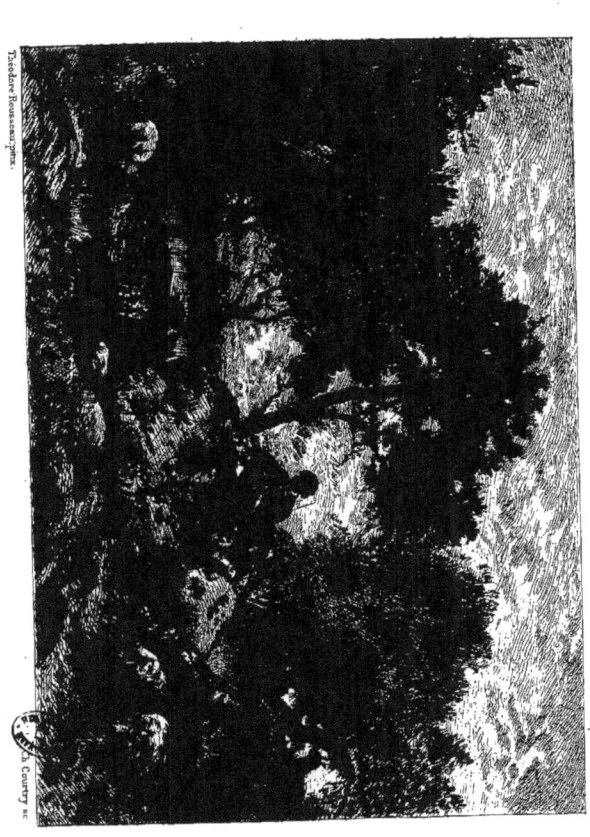

LES CHEVRIERS.

ROUSSEAU

(THÉODORE)

Né à Paris le 15 avril 1812, mort à Barbizon le 22 décembre 1867. — Élève de Lethière.

LES CHEVRIERS

Deux chevriers sont assis sur des roches couvertes de mousses au bas desquelles est une grande mare ombragée d'arbres; des chèvres broutent autour d'eux.

Au delà de la mare, un curé de campagne, monté sur son cheval, est précédé d'une paysanne.

Soleil couchant d'automne se reflétant dans la mare.

Gravé par Charles Courtry. Signé à gauche, au bas, en toutes lettres.

TH. Rousseau

Bois. — Hauteur, 0^m,68; largeur, 0^m,88.

ROUSSEAU

(THÉODORE)

LE CHEMIN DE JEAN-DE-PARIS

Le ciel qui est chargé d'épais nuages, est éclairé à l'horizon des derniers reflets du soleil couché. Une pauvresse s'avance péniblement au milieu d'un chemin semé de rochers ; à droite, un bouquet d'arbres ; à gauche, à l'arrière-plan, quelques arbustes. Le crépuscule étend ses ombres sur toute la scène.

Signé en toutes lettres, au bas, à gauche.

TH. Rousseau

Bois. — Hauteur, 0^m,27 ; largeur, 0^m,37.

SAINT-JEAN

(SIMON)

FRUITS

Des raisins bleus, une orange ouverte, une branche d'oranges vertes sont jetés sur un sol rocheux.

Signé en toutes lettres et daté, à droite, dans le bas.

Saint-Jean
1855

Toile. — Hauteur, 0^m,45 ; largeur, 0^m,53.

SCHEFFER

(ARY)

Né à Dordrecht en 1795, mort à Paris le 5 juin 1858. — Élève de l'Académie d'Anvers et de Guérin.

FRANCESCA DI RIMINI

Dante et Virgile sont descendus aux Enfers et voient passer les ombres des deux infortunés amants.

Le peintre s'est inspiré de ce passage du Dante : « Hélas! que de douces pensées! quel ardent désir a mené ceux-ci au douloureux passage! »

C'est la première pensée de la grande toile exécutée en 1835 pour la collection du duc d'Orléans, à qui ce projet a également appartenu.

Signé en lettres rouges dans le bas, à gauche.

Ary Scheffer

Toile. — Hauteur, 0^m,24; largeur, 0^m,30.

TROYON

(CONSTANT)

Né à Sèvres en 1810, mort à Paris en 1865. — Élève de Riocreux.

LE SOMMEIL DE LA NYMPHE

Dans un parc, à l'ombre de grands arbres dont les rayons du soleil percent le feuillage, au pied de la statue du dieu Pan, qui est ornée d'une guirlande de fleurs, une nymphe est endormie, étendue sur l'herbe. Un satyre, qu'accompagne une autre nymphe, soulève le voile léger qui recouvrait la belle dormeuse.

Ce tableau, qui est de la première manière du maître, est signé des initiales, au bas, à gauche.

C.T.

Bois. — Hauteur, 0^m,24; largeur, 0^m,18.

TROYON

(CONSTANT)

DEVANT HONFLEUR

Au soleil couchant une barque de pêcheur de Honfleur est en mer, la voile déployée. Ciel d'orage.

Collection Ehrler.

Signé en toutes lettres, au bas, à gauche.

Bois. — Hauteur, 0^m,59; largeur, 0^m,35.

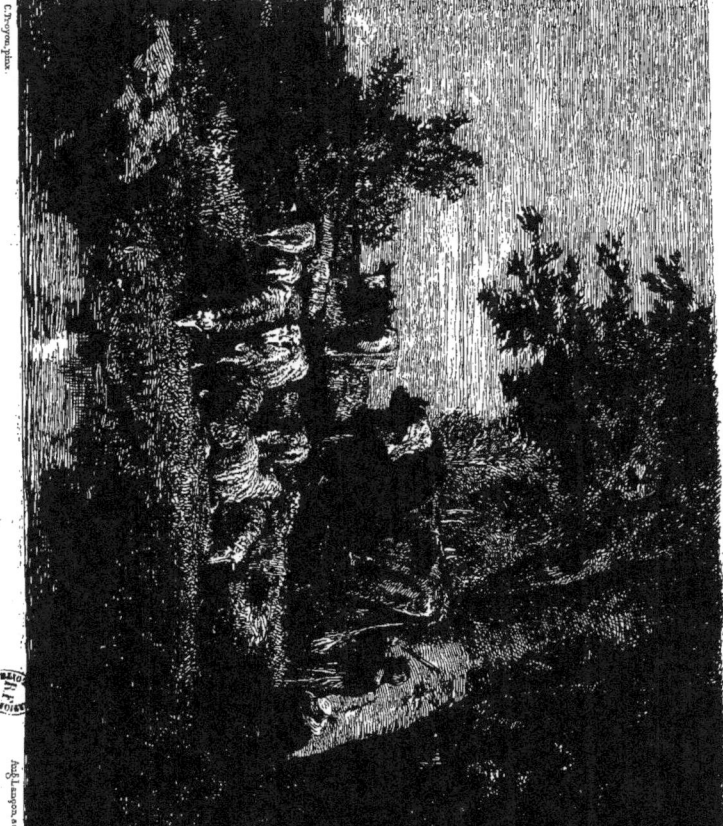

LA MARE.

TROYON

(CONSTANT

LA MARE

Au bord d'une mare, près de la lisière d'un bois qui occupe la droite, un troupeau de moutons, les uns debout, les autres couchés; à côté d'eux, un pâtre assis sur l'herbe caresse un chien noir. Derrière, une petite fille lève un bâton sur un grand bœuf roux; à l'arrière-plan, deux vaches debout; on en aperçoit une troisième à droite, à travers le feuillage.

Gravé par Auguste Lançon.
Collections Khalil-Bey et Laurent-Richard.

Signé en toutes lettres, à gauche, dans l'eau.

C. TROYON.

Bois. — Hauteur, 0^m,30; largeur, 0^m,39.

ZIEM

(FÉLIX)

SOLEIL COUCHANT

La mer est calme; le soleil descend à l'horizon et illumine les flots.

A gauche, un trois-mâts et deux bateaux de pêche; à droite, à l'arrière-plan, un autre trois-mâts.

Signé en toutes lettres près d'une bouée, au bas, à droite.

Bois. — Hauteur, 0^m,26; largeur, 0^m,20.

ZIEM

(FÉLIX)

SOUVENIR D'AMSTERDAM

Des deux côtés d'un canal s'élèvent de vieilles et pittoresques habitations, parmi lesquelles on distingue, à gauche, le clocher d'une église pavoisé de drapeaux hollandais.

Une voiture traverse un pont jeté sur le canal.

Signé en toutes lettres, dans l'eau, au bas, à droite.

Ziem

Bois. — Hauteur, 0^m,40; largeur, 0^m,26.

VENISE.

ZIEM

(FÉLIX)

VENISE

Au fond, étincelle toute la ville, qui se reflète dans les eaux, ainsi qu'une foule de navires.

Au premier plan, une gondole va passer devant deux navires amarrés côte à côte. D'autres gondoles sillonnent les eaux.

Ciel éblouissant de lumière.

Gravé par Léon Gaucherel.

Signé en toutes lettres, au bas, à droite.

Bois. — Hauteur, 0^m,395 ; largeur, 0^m,575.

ÉCOLE FRANÇAISE

MINIATURES

DESSINS ET AQUARELLES

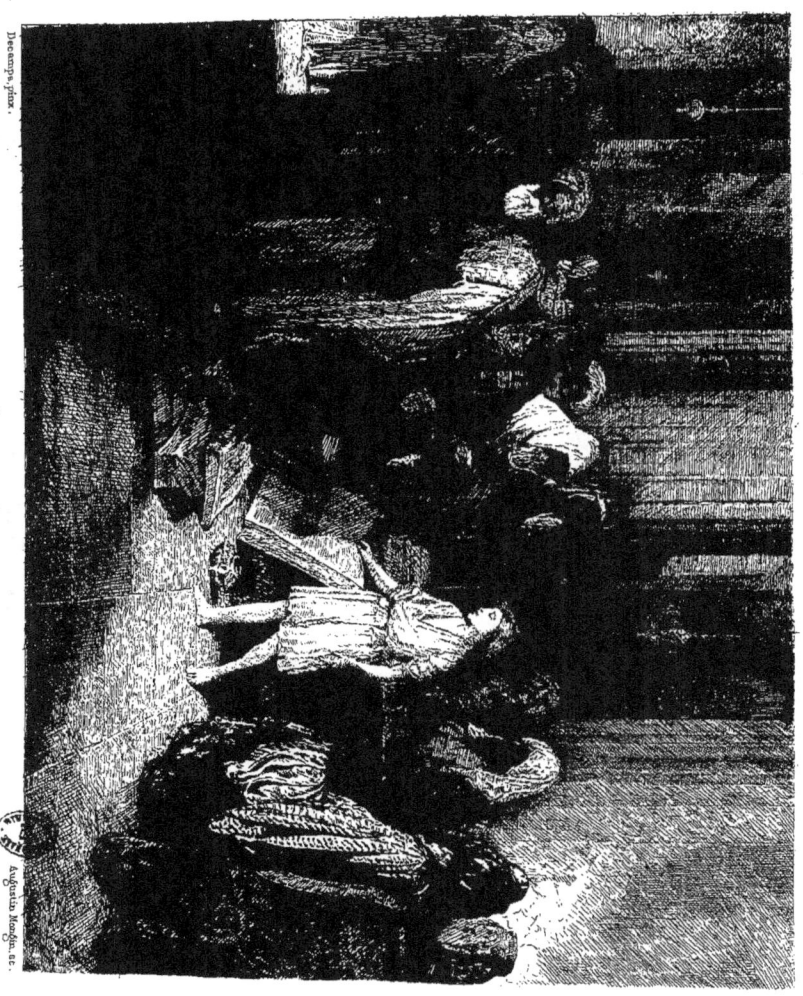

JÉSUS PARMI LES DOCTEURS.

DECAMPS

(ALEXANDRE-GABRIEL)

JÉSUS PARMI LES DOCTEURS

Le divin enfant est debout, la main appuyée sur un livre que tient ouvert un vieillard accroupi à terre.

Les docteurs écoutent Jésus avec étonnement; les uns sont assis à droite autour d'une table couverte d'un riche tapis et de livres, les autres sont debout au milieu du Temple.

Au fond, à gauche, la Vierge perce la foule et s'avance les mains jointes.

Collection Wertheimber.

Gravé par Augustin Mongin.

Signé en lettres rouges, au premier plan, sur une dalle, presque au milieu.

DECAMPS

Aquarelle — Hauteur, 0^m,34; largeur, 0^m,38.

MEISSONIER

(JEAN-LOUIS-ERNEST)

Né à Lyon en 1813. — Élève de Léon Cogniet.

DÉFILÉ DES DÉPUTATIONS LORRAINES

SUR LA PLACE STANISLAS, A NANCY

Ce dessin a été commandé à l'artiste pour une publication officielle éditée par Plon, à l'occasion d'un voyage de l'impératrice Eugénie et de son fils. Elle est représentée debout sur une estrade élevée devant la Préfecture; à sa gauche, le prince impérial; à droite, sur les degrés, le général Fleury et le préfet; on distingue le maréchal Forey non loin du prince, puis des dames d'honneur et le monde officiel.

Devant l'estrade, vient de défiler une députation du clergé, chapeau bas; elle est suivie d'autres députations dont les membres agitent leurs chapeaux et poussent des vivats.

Le premier plan de gauche est occupé par l'escadron des Cent-Gardes.

Les fenêtres de la Préfecture sont encombrées de spectateurs.

Gravé par Jules Jacquemart.

Signé en toutes lettres et daté au milieu.

Meissonier 1867

Dessin à la plume et au lavis rehaussé de gouache. — Hauteur, 0^m,24; largeur, 0^m,35.

MILLET

(JEAN-FRANÇOIS)

L'ANGELUS DU SOIR

Première pensée du tableau.

(*Fusain.* — Hauteur, 0^m,31 ; largeur, 0^m,45.

P.

(ESTELLE)

Paris : xixᵉ siècle. — On a donné pour auteur à cette remarquable miniature Mᵐᵉ Paté-Desormes, née à Paris en 1788 et qui fut élève de son mari Pierre Paté-Desormes; mais cette hypothèse n'est basée sur rien de sérieux.

PORTRAIT DE LA PRINCESSE PAULINE BORGHÈSE

Elle est vêtue de mousseline blanche, la poitrine seule est décolletée; un voile de dentelle entoure sa tête et son cou, et retombe sur ses épaules. Elle a des bracelets en or à la naissance des bras et des bracelets en cheveux aux poignets. Pauline Bonaparte est vue de face, assise sur un divan; dans sa main droite est une gravure de la *Vierge à la chaise*, et de la gauche elle retient un portefeuille posé sur un siége et contenant des gravures et des dessins.

Au fond, une draperie et une colonne sur laquelle on lit la signature et la date.

Miniature sur ivoire.

Estelle P.

Hauteur, 0ᵐ,195; largeur, 0ᵐ,13.

ÉCOLE FRANÇAISE

GRAVURES

JACQUEMART

(JULES-FERDINAND)

Né à Paris en 1837.

DÉFILÉ DES DÉPUTATIONS LORRAINES

SUR LA PLACE STANISLAS, A NANCY

Eau-forte, d'après le dessin de Meissonier, pour la publication officielle publiée en 1867 par Plon sous le titre de : *Voyage en Lorraine de Sa Majesté l'Impératrice et de S. A. I. le prince Impérial, précédé du voyage de Sa Majesté l'Impératrice à Amiens.* — Texte par *Félix Ribeyre.*

Hauteur, 0m,20 ; largeur, 0m,30.

ÉCOLE HOLLANDAISE

BAKKER KORFF

(ALEXANDER-HUGO)

Né à la Haye en 1824. — Élève de J.-E.-J. Van den Berg.

LA MARCHANDE A LA TOILETTE

Elle est vue de profil, assise dans un vieux fauteuil, ses traits cachés sous un énorme bonnet. Elle est occupée à recoudre quelque nippe. A terre sont pêle-mêle un rouet, des fioles, des vases, un parapluie vert, une applique Louis XVI en bronze doré à deux lumières, etc.; sur un guéridon Louis XVI sont rangées des porcelaines et des faïences; au mur sont accrochés un chapeau et divers vêtements de femme pendus à droite et à gauche d'une glace dans laquelle se réfléchit la coiffure de la vieille marchande; un lustre en verre est attaché au plafond.

Signé en toutes lettres et daté, au bas, à droite.

Bois. — Hauteur, 0^m,19; largeur, 0^m,15.

BISSCHOP

(CHRISTOPHE)

Né à Leeuwarde. — Élève de Comte et de Gleyre.

L'OFFRANDE

Une jeune femme, un voile noir sur la tête et habillée de vêtements de velours rouge et de drap noir, dépose de la main gauche une pièce de monnaie dans un grand plat de cuivre placé aux pieds d'une statue de saint, dans une église.

Dans sa main droite un livre d'heures.

Signé en toutes lettres, au bas à gauche.

Bois. — Hauteur, 0ᵐ,21; largeur, 0ᵐ,16.

BOSBOOM

(JOHANNES)

Né à La Haye le 18 février 1817. — Élève de J.-B. Van Brée.

LE BUFFET D'ORGUES

Intérieur d'église protestante, avec vaste buffet d'orgues suspendu à gauche.
Un grand lustre en cuivre pend de la voûte.
Au premier plan, trois orphelines dans leur costume mi-parti rouge et noir.

Signé à droite sur une dalle.

JBosboom.

Bois. — Hauteur, 0^m,25; largeur, 0,^{m}19.

JONGKIND

(JOHAN-BARTHOLD)

Né à Latrod en 1822. — Élève d'Eugène Isabey.

LE CAMPANILE DE ROTTERDAM

A l'aube du jour, on distingue à l'arrière-plan, au milieu des brouillards, au fond d'un canal chargé de barques et de bateaux, le campanile aujourd'hui détruit.

Signé en toutes lettres et daté, à droite, au bas, dans l'eau.

Toile. — Hauteur, 0^m,41 ; largeur, 0^m,55.

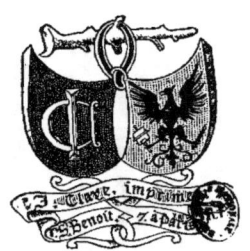

Practical Pathology

A Manual of Autopsy and Laboratory Technique

FOR

STUDENTS AND PHYSICIANS

BY

ALDRED SCOTT WARTHIN, Ph.D., M. D.
Professor of Pathology and Director of the Pathologic Laboratories
IN THE
UNIVERSITY OF MICHIGAN,
ANN ARBOR

SECOND EDITION
Rewritten and Enlarged

Mortui Vivos Docent

310 PAGES AND 55 FIGURES

ANN ARBOR
GEORGE WAHR, Publisher
1911